JN287650

決算から見た生保業界の変貌

小藤康夫 著
Yasuo Kofuji

はじめに

　1997年4月に戦後初の生保破たんが起き，しばらくの間，生保危機が叫ばれ続けた。生保が破たんすると，約束された保険金や年金額が大幅に減額され，契約者たちは将来の人生設計を修正しなければならない事態に追い込まれる。そのため，いままで生保経営にほとんど関心を払わなかった人たちも自分自身が加入している生保の財務内容に注目するようになった。

　その後，2000年に誰もが驚愕した生保連続破たんを経験しながらも，最悪期をようやく脱し，徐々に本来の生保活動が繰り広げられるようになった。そのきっかけを与えたのが日経平均株価の急上昇である。2003年5月から数か月で日経平均株価が瞬く間に約30％も上昇したのである。これにより生保ばかりでなく銀行の財務内容も一気に改善され，金融システム問題が解決に向かった。

　景気循環から見ると，景気の底は2002年1月であり，それ以降，戦後最長の好景気が続いた。しかしながら，好景気といっても高度成長期のような勢いはまったくなく，経済の繁栄を感じない不思議な好景気がだらだら続いたといったほうがよいであろう。

　そうした力強さに欠けた好景気を背景にしながらも，生保の運用力は株式の含み益だけでなく金利上昇の恩恵も受け，次第に逆ざや問題が薄れていくようになった。一部の大手生保のなかには責任準備金の積み増しや金利収入と株式配当の増大から逆ざやから順ざやへ転換するところも現れた。

　深刻な逆ざや問題から脱却する過程で，保険金不払い問題という保険会社の根幹に相当する保障機能に欠陥が指摘され，第2の生保危機と叫ばれた時期もあったが，その問題も次第に解消の方向に向かっていった。

　ところが，2008年に入ると，米国を震源地とするサブプライムローン問題が米国の金融機関だけでなく，世界中の金融機関に巨額の損失をもたらす事態に

まで広がり，100年に1度の経済危機と叫ばれるようになった。しかも銀行や証券会社だけでなく，世界を代表する保険会社も経営が悪化する状況に追い込まれていった。

そうした世界金融危機は相対的に安定しているといわれたわが国にも，日経平均株価の急落そして円高を通して深刻な影響をもたらした。株安・円高は生保経営にも深刻な悪影響を及ぼし，2008年10月には大和生命が運用の悪化から破たんしてしまった。第8番目の生保破たんである。それだけでとどまらず，主要生保は再び逆ざや状態に戻ってしまった。

本書の目的はこうして繰り返される生保危機を客観的に観察しながら，わが国生保の動きを追うとともに，近い将来，どのような方向へ向かっていくのかを占う材料を提供することにある。そのアプローチとして，年度ごとに発表される主要生保の決算をながめながら，その年度の主要テーマを取り上げるスタイルを取っている。

そこで，「決算から見た生保業界の変貌」と題し，2002年度を出発点にしながら最近に至るまでの生保業界の動きを映し出している。年表は主要な出来事を単に書き連ねたものであるが，ここでは年表のように時間を追いながらも，その当時にどのような問題が起きていたかを丁寧に綴ったものである。

本書は2002年から2009年にかけて「共済と保険」等で発表した論文がベースになっている。それぞれの章ではそれらの論文が書かれた当時の西暦を明示し，その頃の生保業界の姿を描いている。その時代にタイムスリップした気持ちになって読んでいただければ，章を追うごとに生保業界がどのように変化していったが理解されると思う。

今日，わが国の生保業界は大きな変革期を迎えている。従来のビジネスモデルをそのまま引きずりながら過ごしていくわけにはいかない。人口減少時代のなかで少子高齢化が急速に進み，保障機能にウエイトを置いた伝統的な生保商品は頭打ちになりつつある。他方，貯蓄型商品は社会のニーズが高まっているが，グローバル化の進展等とともに内外の株価や外国為替の変動が激しくなり，資産運用リスクに対する関心も高まっている。それに対して十分な対応をする

はじめに

　1997年4月に戦後初の生保破たんが起き，しばらくの間，生保危機が叫ばれ続けた。生保が破たんすると，約束された保険金や年金額が大幅に減額され，契約者たちは将来の人生設計を修正しなければならない事態に追い込まれる。そのため，いままで生保経営にほとんど関心を払わなかった人たちも自分自身が加入している生保の財務内容に注目するようになった。

　その後，2000年に誰もが驚愕した生保連続破たんを経験しながらも，最悪期をようやく脱し，徐々に本来の生保活動が繰り広げられるようになった。そのきっかけを与えたのが日経平均株価の急上昇である。2003年5月から数か月で日経平均株価が瞬く間に約30％も上昇したのである。これにより生保ばかりでなく銀行の財務内容も一気に改善され，金融システム問題が解決に向かった。

　景気循環から見ると，景気の底は2002年1月であり，それ以降，戦後最長の好景気が続いた。しかしながら，好景気といっても高度成長期のような勢いはまったくなく，経済の繁栄を感じない不思議な好景気がだらだら続いたといったほうがよいであろう。

　そうした力強さに欠けた好景気を背景にしながらも，生保の運用力は株式の含み益だけでなく金利上昇の恩恵も受け，次第に逆ざや問題が薄れていくようになった。一部の大手生保のなかには責任準備金の積み増しや金利収入と株式配当の増大から逆ざやから順ざやへ転換するところも現れた。

　深刻な逆ざや問題から脱却する過程で，保険金不払い問題という保険会社の根幹に相当する保障機能に欠陥が指摘され，第2の生保危機と叫ばれた時期もあったが，その問題も次第に解消の方向に向かっていった。

　ところが，2008年に入ると，米国を震源地とするサブプライムローン問題が米国の金融機関だけでなく，世界中の金融機関に巨額の損失をもたらす事態に

まで広がり，100年に1度の経済危機と叫ばれるようになった。しかも銀行や証券会社だけでなく，世界を代表する保険会社も経営が悪化する状況に追い込まれていった。

そうした世界金融危機は相対的に安定しているといわれたわが国にも，日経平均株価の急落そして円高を通して深刻な影響をもたらした。株安・円高は生保経営にも深刻な悪影響を及ぼし，2008年10月には大和生命が運用の悪化から破たんしてしまった。第8番目の生保破たんである。それだけでとどまらず，主要生保は再び逆ざや状態に戻ってしまった。

本書の目的はこうして繰り返される生保危機を客観的に観察しながら，わが国生保の動きを追うとともに，近い将来，どのような方向へ向かっていくのかを占う材料を提供することにある。そのアプローチとして，年度ごとに発表される主要生保の決算をながめながら，その年度の主要テーマを取り上げるスタイルを取っている。

そこで，「決算から見た生保業界の変貌」と題し，2002年度を出発点にしながら最近に至るまでの生保業界の動きを映し出している。年表は主要な出来事を単に書き連ねたものであるが，ここでは年表のように時間を追いながらも，その当時にどのような問題が起きていたかを丁寧に綴ったものである。

本書は2002年から2009年にかけて「共済と保険」等で発表した論文がベースになっている。それぞれの章ではそれらの論文が書かれた当時の西暦を明示し，その頃の生保業界の姿を描いている。その時代にタイムスリップした気持ちになって読んでいただければ，章を追うごとに生保業界がどのように変化していったが理解されると思う。

今日，わが国の生保業界は大きな変革期を迎えている。従来のビジネスモデルをそのまま引きずりながら過ごしていくわけにはいかない。人口減少時代のなかで少子高齢化が急速に進み，保障機能にウエイトを置いた伝統的な生保商品は頭打ちになりつつある。他方，貯蓄型商品は社会のニーズが高まっているが，グローバル化の進展等とともに内外の株価や外国為替の変動が激しくなり，資産運用リスクに対する関心も高まっている。それに対して十分な対応をする

はじめに

にはリスク管理を行いながら運用収益を高める高度な技術が求められている。

　こうした厳しい経営環境に立たされたわが国生保業界は資産運用上の技術だけでなく，根本的な改革も実行していかざるを得ないであろう。相互会社組織から株式会社組織への変更だけでなく，それをベースとした生保会社同士の再編もこれから活発に展開されると思われる。そうしたダイナミックな動きが予想される生保業界にこれからますます目が離せないであろう。

　2009年7月

小藤　康夫

目　　次

はじめに

第 1 章　＜2002年＞
生保危機発生のメカニズム

第 1 節　日本経済と生保危機 …………………………………… 3
　(1)　重要な金融システムの役割 ………………………………… 3
　(2)　少子高齢化と公的年金の補完 ……………………………… 4
第 2 節　生保危機の元凶 ………………………………………… 5
　(1)　金利自由化と逆ざや問題 …………………………………… 5
　(2)　金利変動リスクと資産負債総合管理 ……………………… 6
第 3 節　負債の時価会計 ………………………………………… 7
　(1)　生保の真の財務状態 ………………………………………… 7
　(2)　破たんにかかわる不思議な現象 …………………………… 8
第 4 節　基礎理論を無視した経営者 …………………………… 9

第 2 章　＜2002年＞
生保経営の実態は「ディスクロージャー誌」
から読み取れるか

第 1 節　生保の代表的経営指標は何か ………………………… 13
　(1)　破たんをきっかけに充実さを増す生保の「ディスクロ誌」……… 13
　(2)　総合指標としての「保有契約高伸び率」…………………… 13

(3) 生保の「収益性指標」と「健全性指標」……………………15
第2節　どの経営指標に注目すればよいか……………………………16
　　(1) 逆ざやが生保経営に及ぼすメカニズム………………………16
　　(2) 保有契約高伸び率に注目しよう………………………………17
　　(3) 生保破たんを事前に知らせるシグナル………………………18
第3節　「逆ざや額」に注目すればよいか ……………………………19
　　(1) 予定利率を下回る生保の運用利回り…………………………19
　　(2) なぜディスクロ誌は過去において，逆ざや額を取り上げな
　　　 かったのか………………………………………………………20
第4節　三利源開示の必要性……………………………………………22
　　(1) 逆ざやと利差損は異なるジャーゴン…………………………22
　　(2) 生保の損益が自己資本に及ぼす効果…………………………23
第5節　時価会計を導入しなければ生保破たんは防げない …………25
　　(1) 最終利益の発表だけでは不十分………………………………25
　　(2) 将来の損益を織り込む会計制度………………………………25
　　(3) 目前に迫った生保の時価会計導入……………………………27

第3章　＜2003年＞
黒字決算なのに，なぜ生保危機が叫ばれるのか

第1節　主要生保10社の2003年3月期決算の特徴………………31
　　(1) 減り続ける保有契約高…………………………………………31
　　(2) 内部留保の取り崩し……………………………………………31
　　(3) 配当への影響……………………………………………………32
第2節　基礎利益，経常利益，当期剰余はどうか……………………33
　　(1) 生保が抱える逆ざや問題………………………………………33
　　(2) 生保の利益を示す指標…………………………………………34
第3節　決算だけでは生保危機が伝わらない …………………………35

(1)　たった4年間で7生保が消えた……………………………………35
　(2)　溢れるばかりの基礎利益………………………………………………36
　(3)　どちらが正しいのか……………………………………………………36
第4節　破たん生保の決算は真実を伝えていたか……………………37
　(1)　200％を超えていた破たん生保のソルベンシーマージン比率……37
　(2)　破たん生保の決算はいつも黒字だった……………………………38
第5節　破たん生保社長の告白は参考になるか………………………40
　(1)　積立不足が破たんを引き起こした……………………………………40
　(2)　日産生命社長の告白……………………………………………………40
第6節　なぜ「予定利率引き下げ」の枠組みを急いで
　　　　作らなければならないのか……………………………………41
　(1)　黒字決算のなかで打ち出された予定利率引き下げ法案……………41
　(2)　責任準備金を時価でとらえれば，すぐに謎が解ける………………42
　(3)　決算と実態のギャップを最終的に調整するのは，「破たん」
　　　か，あるいは「予定利率引き下げ」のどちらかだ……………………42

第4章　〈2004年〉
主要生保の現状と将来戦略──「生保離れ」が進行するにもかかわらず，「好決算」を示す不思議な現象──

第1節　主要生保の2004年3月期決算の特徴を見よう…………47
　(1)　依然として解消されない「生保離れ現象」………………………47
　(2)　収益性指標から分析してみよう……………………………………48
　(3)　次に，健全性指標に注目しよう……………………………………49
第2節　どうすれば決算と実態の矛盾が説明できるのか……………51
　(1)　保有契約高ではなく，保険料収入で生保経営をとらえよう………51
　(2)　株式含み益の増大で，すべてが説明できる………………………52

第3節　決算からでは生保危機の本質が見えない……………53
　　　(1)　内部留保の取り崩しから積み増しへ………………53
　　　(2)　三利源非公開では生保の実態が把握できない………54
　　第4節　生保の将来戦略………………………………………55
　　　(1)　銀行窓販が生保の将来を決定づける………………55
　　　(2)　金融グループによる生損保の融合戦略………………56

第5章　＜2005年＞
生保経営と保険行政──行政は本当に生命保険のことを理解しているか──

　　第1節　主要生保の2005年3月期決算を見て………………59
　　　(1)　復活を予感させる成長性指標と収益性指標………59
　　　(2)　改善した健全性指標…………………………………61
　　　(3)　守りから攻めの経営へ転じる主要生保……………62
　　第2節　生保危機下の保険行政…………………………………63
　　　(1)　予定利率引き下げを認める新制度…………………63
　　　(2)　保険行政への不信感を増幅させたショッキングな新聞記事………64
　　第3節　金融改革プログラムのなかの保険行政………………66
　　　(1)　保険商品の銀行窓販…………………………………66
　　　(2)　将来に向けて打ち出された金融コングロマリット化構想………67
　　　(3)　保険を含めた金融コングロマリット化は難しい…68

第6章　＜2006年＞
保険商品の動向と販売──わが国生保の行方を欧米生保から読み取る──

　　第1節　2006年3月期決算を見て………………………………73

(1)　8年ぶり増収の主要生保……………………………………………73
　(2)　急成長から安定成長に転じる外資系生保…………………………74

第2節　生保による三利源の開示…………………………………………76
　(1)　保険金不払いを阻止する外部チェック機能………………………76
　(2)　逆ざやリスクを回避する機能………………………………………77

第3節　販売増をもたらす生保商品………………………………………79
　(1)　第三分野の保険………………………………………………………79
　(2)　拡大傾向にある個人年金保険………………………………………79

第4節　欧米の生保商品と販売チャネルの特徴…………………………82
　(1)　主要4カ国の特徴……………………………………………………82
　　①　アメリカの生保……………………………………………………82
　　②　イギリスの生保……………………………………………………82
　　③　フランスの生保……………………………………………………82
　　④　ドイツの生保………………………………………………………83
　(2)　生保商品と販売チャネルの関係……………………………………83

第5節　わが国生保業界の行方
　　　　──アメリカ型からヨーロッパ型へ──………………………84

第7章　〈2007年〉
生保商品と金融商品の競合を促す最近の動き──銀行窓販の全面解禁と年金化の浸透──

第1節　最近の生保商品の動き……………………………………………89
　(1)　過去の動き──2004年3月期決算〜2006年3月期決算を見て……89
　(2)　2007年3月期決算を見て……………………………………………91
　(3)　必要な経営戦略の転換………………………………………………94

第2節　年金化がもたらす効果……………………………………………95
　(1)　生保商品と金融商品の競合を促す銀行窓販の全面解禁…………95

(2) 老後の生活資金についてのアンケート結果……………………96
　　(3) 年金化を理解するためのシミュレーション…………………97
　　(4) 長生きリスクへの対応……………………………………………99
　第3節　郵政民営化とコングロマリット………………………………101

第8章　＜2008年＞
生保経営のフレームワーク——生保会社の企業価値を形成する4つの原動力——

　第1節　2008年3月期決算の特徴………………………………………105
　第2節　生保経営を直撃した諸問題……………………………………106
　　(1) 保有契約高の減少………………………………………………106
　　(2) 生保経営のフレームワーク……………………………………107
　第3節　今日の生保と将来の生保………………………………………110
　　(1) 銀行窓販の全面解禁……………………………………………110
　　(2) 機関投資家としての生保………………………………………111
　第4節　生保の株式会社化への動き……………………………………112
　　(1) 機敏で容易な資金調達手段……………………………………112
　　(2) 中間目標としての株価水準……………………………………113

第9章　＜2009年＞
再編を予感させる厳しい内容の生保決算

　第1節　2009年3月期決算の特徴………………………………………117
　　(1) 主要生保の決算…………………………………………………117
　　(2) 外資系等生保の決算……………………………………………119
　第2節　世界的な経済危機の元凶………………………………………121
　　(1) サブプライムローン問題と証券化商品………………………121

　　　　　　　　　　　　　　　　　　　　　　　　　目　　次

　　⑵　経済危機の始まり ……………………………………………122
　　⑶　保険会社の経営危機 …………………………………………123
　第3節　保険業界の再編 ……………………………………………124
　　⑴　破たんを引き金とする生保業界の再編 ……………………124
　　⑵　加速する損保業界の再編 ……………………………………125
　第4節　破たん回避と生保再編 ……………………………………126

出　　典 ………………………………………………………………129

索　　引 ………………………………………………………………131

第1章
〈2002年〉
生保危機発生のメカニズム

第1章 〈2002年〉 生保危機発生のメカニズム

第1節　日本経済と生保危機

(1)　重要な金融システムの役割

　日本経済が着実な成長を歩んでいくには，個人の貯蓄を企業の投資にうまく結び付けていかなければならない。その役割を果たしているのが銀行や証券会社などで構成される金融システムである。

　資金が貯蓄から投資に向かって円滑に流れていけば，企業は良質で安価なモノやサービスを大量に供給できる。それによりわたし達の暮らしは一層豊かになる。

　この資金の流れをケインズ（1883-1946）は「通貨の金融的流通」（Financial Circulation of Money）と呼び，マクロ経済のダイナミックな動きを示す重要な視点として展開した。このことは今日においても受け継がれ，有益な分析方法として金融論の教科書で必ずといってよいほど取り上げられている。

　だが，金融システムを形成しているのはなにも銀行や証券会社だけではない。生保も銀行などと同様に企業貸付や有価証券投資を行っている。多くの契約者から集めた大量の貯蓄資金を企業の投資資金として流している。

　生保の本来業務はいうまでもなく人の生死にかかわる保障業務にある。しかし，今日では資金規模の大きさから生保は金融システムを形成する大事な金融機関あるいは機関投資家として位置付けられている。それゆえ，生保は銀行や証券会社と同様に日本経済を金融面で支える重要な役割を果たしている。

　ところが，わが国の金融システムは1990年代後半に入って極めて不安定な状態にある。銀行をはじめとして証券会社も損保も，そして生保も次々と破たんしているからである。とりわけ，1997年，98年は大手の銀行や証券会社が破たんする最悪の状態に陥ってしまった。

　生保もこの頃から経営悪化が表面化し，1997年4月には戦後初の生保破たんが起きた。日産生命の経営破たんである。それ以降，1999年6月に東邦生命，2000年5月に第百生命，同年8月に大正生命，同年10月に千代田生命，協栄生

命，そして2001年3月には東京生命が破たんした。たった4年間に中堅生保を中心に7生保が連続的に破たんしてしまった。

　大手の銀行や証券会社の破たんも衝撃的であったが，リスク管理をビジネスとする生保の破たんはそれ以上の衝撃を人々に与えたように思える。そのため，新規契約は低迷し解約が増大したため，保有契約高伸び率マイナスという生保の長い歴史のなかで経験したことのない現象が連続的に起きている。

　しかも，生保危機は中堅生保の破たんだけで終わらず，大手生保にまで甚大な影響を及ぼし始めているのが生保の姿である。

(2)　少子高齢化と公的年金の補完

　そのなかで少子高齢化は日本経済のあらゆる分野で大きな変化を引き起こしている。とりわけ国民年金や厚生年金といった公的年金の財政を直撃している。それは若い世代が老いた世代を負担する賦課方式に近い性質を公的年金が持っているためである。

　民間生保が提供する商品は脆弱な公的年金を補完する役割を担っている。しかし，人々は生保破たんが起きると保険金や給付金が大幅に引き下げられ，多くの負担が強いられることを知った。生保危機が消えない状況のもとでは人々の老後は経済的に不安定にならざるを得ないであろう。少子高齢化社会を迎え，そのことは無視できない大きな社会問題として発展するであろう。

　このように見ていくと，生保危機は金融システムの側面からも少子高齢化問題の側面からも日本経済の潜在的成長力を押しとどめる危険性がある。このことに留意すれば生保危機は単に生保業界や契約者といったミクロ・レベルの問題として終わるのではなく，日本経済といったマクロ・レベルにとっても深刻な問題を投げかけているといえる。

第1章 〈2002年〉 生保危機発生のメカニズム

第2節　生保危機の元凶

(1)　金利自由化と逆ざや問題

　それでは個人にとっても日本経済にとっても甚大な影響を及ぼす生保危機は，なぜ起きたのであろうか。それはすべて逆ざや問題にある。逆ざやとは運用利回りが予定利率を下回る現象である。大半の生保商品は保険契約を結ぶ時点で資金の運用利回りを約束している。

　わが国の生保は戦後の長い期間にわたって予定利率を上回る運用成果をあげてきた。これは金融・資本市場が規制され，金利が硬直的であったためである。

　しかし，1990年代に入って金利が自由に動くようになると，利ざやの確保が難しくなった。しかも歴史的な超低金利に直面すると，1980年代後半のバブル期にかけて大量に獲得した高い予定利率の商品を中心に逆ざやが発生し，これを穴埋めできなくなった生保から破たんしていった。したがって，このことからもわかるように生保危機の元凶は逆ざや問題にあり，その根底には金利自由化が横たわっている。

　そのような金利自由化は世界的な潮流に乗ったものであり，1994年にはついに完全自由化が達成された。これにより金融機関を取り巻く経営環境は急激に変化した。そのことは信金・信組や第2地方銀行ばかりでなく，都市銀行も不良債権処理を進める余裕がなくなり，次々と破たんしていったことからも理解できるだろう。

　生保も金利自由化の影響をもろに受け経営を悪化させた。だが，基本的には運用利回りが予定利率を下回る逆ざや問題が経営破たんに直接結び付いていった。

　銀行であれ生保であり，どちらも金利自由化が経営を圧迫しているのは事実である。しかし，銀行の破たんは大量に抱えた不良債権問題に起因しているが，生保の破たんは逆ざや問題そのものにある。同じ金融機関でも銀行と生保では破たんの原因が違っているのである。

(2) 金利変動リスクと資産負債総合管理

このように生保危機の元凶は逆ざや問題にあり，それは突き詰めて考えていくと，生保が「金利変動リスク」の管理を怠ったことに辿りつく。本来，生保は金利自由化の流れのなかで金利変動リスクに対して十分な対策を講じなければならなかった。

だが，生保はこの種のリスクに手をこまねいているだけで，決定的な解決策を打ち出さず時間だけが経過してしまった。そのツケがいま生保破たんという形で払わされているのである。

生保が金利変動リスクを吸収し，逆ざや問題を解消するには，資産と負債の「平均満期」(Duration)をコントロールする必要がある。生保は資産として企業貸付，国債，株式などを保有し，負債として積立金の責任準備金を抱えている。

資産側の投融資から生み出される運用利回りが負債側の責任準備金に課された予定利率を契約期間にわたってほぼ確実に上回るようにするには，資産側の平均満期を負債側のそれに合わせればよい。

そうすれば，たとえ契約期間中に市場金利が大きく変動しようとも，最初に運用利回りが予定利率を超えるように設定しておけば，後は一定の利ざやが確保できる。

このことは金融論の教科書で「資産負債総合管理（ＡＬＭ）」(Asset Liability Management)として展開され，金融機関にとって経営管理の基本となっている。

この原理に忠実に従えば逆ざや問題は発生しない。だが，これは現実の問題として不可能であろう。終身保険や個人年金などが生保の代表的商品であるため，負債の平均満期は20年，30年といった超長期となる。

そのような超長期に対応した貸付や国債はほとんど存在しないであろう。生保が扱う商品が超長期である限り，資産と負債の平均満期を合わせるのは事実上，不可能である。そのため生保経営は逆ざや問題そのものを潜在的に抱えているといえる。

しかし，見方を百八十度転換すればこの問題はすぐに解消できる。なぜなら

生保商品を超長期の金融商品として位置付けるからこそ資産運用に無理が生じるだけで，発想を転換し生保商品そのものを変えればよいからである。

つまり，超長期の生保商品から短期の生保商品へシフトさせれば，資産負債総合管理がコントロール可能となり，逆ざや問題が回避できることになる。

本来，生保は金利自由化の波が押し寄せるなかで，新商品の開発を迅速に進めなければならなかった。だが，金利自由化をはじめとする金融環境が大きく変化しているにもかかわらず，生保は伝統的な生保商品を相も変わらず大量に販売してきた。

結局，金利自由化に対応した新商品の開発を怠ったことが今日の生保危機を生み出しているといえる。

第3節 負債の時価会計

(1) 生保の真の財務状態

資産と負債の平均満期が同じであれば，逆ざや問題は発生しない。このことは貸借対照表を用いて説明すると，一層わかりやすい。ただし，その場合，資産も負債も簿価ではなく，金利の動きによって金額が決定される時価でとらえていかなければならない。

例えば金利が下かると，生保が保有する国債などの価格は上昇するため，資産の時価は膨らむ。また，責任準備金で構成される負債も時価でとらえると，金利下落のもとでは金額が膨らんでいく。しかも，金利の変化が資産や負債に及ぼす影響は平均満期に依存する。

そのため，資産も負債も平均満期が同じであれば金利の変動に対して同じ大きさだけ同じ方向に動いていく。この場合，資産と負債の差額部分に相当する自己資本は何の影響も受けないことになる。

もし資産と負債の平均満期が大きく異なれば金利変動リスクをまともに受けてしまう。例えば資産の平均満期が短く，負債のそれが長い状態で金利が大幅に下がれば，負債のほうが資産よりも大きく膨らむため，自己資本が減少する。

最悪の場合は債務超過状態に陥ってしまう。これがまさに生保破たんが発生する状態である。

このように生保の財務状態を時価でとらえれば経営の実態が正確に把握できる。金融論の教科書では時価に基づきながら分析が展開されているのですぐに理解できるが，実務の世界では残念ながら会計制度の制約から取得した時の金額に相当する簿価で把握される傾向にある。そのため現実に起きている生保危機をとらえにくくしている。

(2) 破たんにかかわる不思議な現象

そのことを示す事例としていくつか取り上げてみよう。例えば破たんした生保を見ると，ほとんどが破たんする前年度まで黒字であった。たった1回の赤字で突然破たんしている。規模の大きい会社がたった1回の赤字で突然破たんするのは理解しがたい現象である。

一方，生保破たんを予期するための指標として1998年3月期からソルベンシーマージン（支払余力）比率が発表されている。この指標は複雑な計算式から弾き出されるが，判断基準の200％を超えているかどうかを見るだけで，生保の安全度が一目でわかる便利な指標である。

ところが，ソルベンシーマージン比率が安全基準の200％を超えていたにもかかわらず，千代田生命，協栄生命，そして東京生命が次々と破たんしてしまった。このことも不思議な現象である。

また，今日の主要生保は安全基準の200％をはるかに超える高いソルベンシーマージン比率を発表している。それにもかかわらず，基金の増額に励んでいる。これも理解しがたい現象である。

だが，これらは生保の財務内容を簿価でとらえているからこそ奇妙に見えるだけであって，時価で計算し直せば決して不思議な現象ではない。今日では会計ビッグバンの叫び声とともに，国際的に見て遜色のない，透明性の高い会計基準が求められている。そのなかで時価会計が2002年3月期決算から部分的に適用されるようになった。生保もその会計基準に従い，保有株式が時価で評価

されるようになった。

 その結果，株式評価損が大量に発生し，その損失を穴埋めする手段として価格変動準備金や危険準備金など内部留保の取り崩しを行う主要生保が7社も出現した。過去のように簿価のままでよいならばこのような取り崩しは必要なかったであろう。

 こうして時価会計の導入から損失が発生し，それが原因となって生保の財務力が急速に弱まっている。最悪の場合には破たんに結び付くかもしれない。確かに保有株式といった資産側の時価会計導入は今日の生保経営を論じるうえで大切な見方である。

 しかし，それは生保危機の本質を十分にとらえた見方ではない。なぜなら生保危機の本質は逆ざや問題にあり，それは負債側に時価会計を取り入れない限り明らかにされないからである。

 生保の貸借対照表で負債として計上される責任準備金は高い予定利率を前提に計算されている。運用利回りが予定利率を下回る逆ざや状態のもとでは，将来，保険金の支払いが行き詰まってしまう。

 そのためには達成不可能な高い予定利率ではなく，実際の運用利回りを参考にしながら低い予定利率を前提とした責任準備金に計算し直さなければならない。それが「負債の時価会計」である。

 会計ビッグバンの進展は最終的に負債も時価でとらえることになるであろう。だが，現在のところ，負債は簿価のままである。そのため，現在の会計情報のもとでは生保の真の姿をとらえられない。その結果，生保決算で示される数字と生保危機の間には大きな隔たりが生じるのである。

第4節　基礎理論を無視した経営者

 今日の生保危機は金融論の教科書で指摘される通貨の金融的流通というマクロ的視点から見れば，明らかに日本経済にマイナスの影響を及ぼしている。また，同じ金融論の教科書で取り上げられる資産負債総合管理に従って，生保が

経営を展開すれば逆ざやや問題に陥らずに済む。

　こうして見ていくと生保経営者達が金融の基礎理論を無視したために今日の生保危機が起きているとも解釈できる。彼らは日本経済と切り離して自分達の経営を展開したり，実態から掛け離れた会計制度に基づいて経理内容を発表してきたために生保危機を生み出してしまった。これからの生保は教科書に忠実に経営を展開しなければならないであろう。そうでなければ生保危機はいつまでも消えない。

　日本経済はデフレ・スパイラルから逃れるどころか混迷を深めるばかりである。そのなかで経済学の有効性に疑問を感じる人達からは大学での経済学が現実の問題を直視せず，ただひたすら論理だけを教室内で追求する「黒板経済学」のように見えるようである。

　しかし，生保危機に関する限り経済学の応用科目である金融論は極めて有益な分析手段であり，生保はそれを自らの経営に活かすように心掛けなければならないであろう。

第2章

〈2002年〉

生保経営の実態は「ディスクロージャー誌」から読み取れるか

第2章 〈2002年〉 生保経営の実態は「ディスクロージャー誌」から読み取れるか

第1節　生保の代表的経営指標は何か

(1) 破たんをきっかけに充実さを増す生保の「ディスクロ誌」

　生保会社は毎年7月頃に1年間の詳細な経営活動を「ディスクロージャー誌」に発表している。世の中の情報開示の流れに従いながら，生保のディスクロ誌は年度を重ねるにつれて充実した内容となっている。

　最近のディスクロ誌は一般の契約者がすぐに理解できるように色刷りのきれいなグラフをふんだんに用いているうえ，強調したい経営指標を大きくわかりやすく印刷している。しかもアナリストなどの専門家達が分析しやすいように詳細な財務データもたくさん加えられている。

　ディスクロ誌が年々充実さを増しているのは，やはり1997年4月に起きた戦後初となる日産生命の破たんを含めて7社の生保破たんが影響しているからであろう。

　生保が破たんすれば保険金や年金給付金が大幅に削減される。そのことを知った契約者達は，生保の経営内容に関心を持たざるを得なくなった。生保不倒神話が信じられていた時代ならば，契約者達はそのようなことなどまったく関心がなかったであろう。

　しかし，今日のように生保破たんが起きる危機的状況のもとでは，生保自身が契約者の不安を取り除くためにも積極的に情報開示を押し進めていかなければならない。

　その流れに沿った動きのひとつが今日のディスクロ誌の充実ぶりとなって表れているものと思われる。

(2) 総合指標としての「保有契約高伸び率」

　生保の経営内容を伝える新聞や経済誌などではディスクロ誌から，いくつかの代表的経営指標を紹介している。

　そのなかで最も頻繁に取り上げられる経営指標は，やはり個人保険・個人年

図表2－1　主要生保の保有契約高伸び率の動き

生保会社	保有契約高伸び率								
	1994年3月期	1995年3月期	1996年3月期	1997年3月期	1998年3月期	1999年3月期	2000年3月期	2001年3月期	2002年3月期
日本生命	4.7	2.9	2.5	1.1	▲1.3	▲5.1	▲3.3	▲3.2	▲3.6
第一生命	5.7	3.5	2.4	1.4	▲1.5	▲3.3	▲2.8	▲2.3	▲2.9
住友生命	6.0	2.9	2.4	1.1	▲2.1	▲3.8	▲2.4	▲4.0	▲4.3
明治生命	8.2	5.6	2.3	0.4	▲1.9	▲4.9	▲5.5	▲1.9	▲3.3
朝日生命	5.1	3.2	0.5	0.6	▲4.2	▲5.9	▲5.1	▲4.0	▲9.7
安田生命	7.1	3.3	2.0	0.3	▲2.6	▲3.7	▲3.1	▲2.4	▲4.2
三井生命	4.7	3.2	1.6	0.2	▲3.9	▲5.7	▲4.7	▲5.1	▲7.5
大同生命	4.2	2.5	3.3	3.3	1.3	▲0.1	▲0.5	▲0.2	▲0.2
太陽生命	4.3	1.5	3.5	3.5	0.2	0.0	0.4	▲0.1	0.4
富国生命	10.2	7.8	6.2	4.3	1.9	0.6	1.1	1.0	1.0

（注1）　単位は％，▲印はマイナスを示す。
（注2）　保有契約高は個人保険と個人年金の合計で，伸び率は前年同期比（％）を示す。

金を対象にした「保有契約高伸び率（％）」（対前年同期比）であろう。生保の決算発表では必ずといってよいほど，この数値が新聞などで紹介される。

　保有契約高伸び率は生保経営の実態を総合的にとらえた指標である。そのため，この指標は生保経営を分析するうえで最も重要な経営指標と考えられる。

　この指標はその年度の数値を見るだけでも有益な経営情報をもたらしている。だが，時系列的に見たほうが生保経営の実態が一層つかみやすいであろう。

　図表2－1は主要生保10社を対象に，保有契約高伸び率を9年間にわたって整理したものである。この表からわかるように1997年3月期まではどの生保も保有契約高が伸びていた。だが，それ以降，ほとんどの生保が保有契約高を減らしている。

　これは生保破たんが業界全体にあらゆる側面からマイナスの影響を及ぼしたためである。しかも，現在においても最悪の状態から脱し切れていないことがわかる。

　今日のわが国生保は危機的状況に置かれている。そのことは単に生保が連続的に破たんしただけでなく，生保業界全体が保有契約高を連続的に減らしてい

第2章 〈2002年〉 生保経営の実態は「ディスクロージャー誌」から読み取れるか

ることからも理解できる。

(3) 生保の「収益性指標」と「健全性指標」

保有契約高伸び率は絶えず注目しなければならない重要な指標であり，生保経営の姿を映し出す総合指標といえる。しかし，経営の実態をとらえるには収益性指標や健全性指標も知っておかなければならない。

例えば，生保の収益性指標として基礎利益や経常利益などがあげられる。その一方で，健全性指標としてソルベンシーマージン比率，株式含み益，実質純資産などが選び出されることが多い。

図表2－2はそのような収益性指標と健全性指標を主要生保10社を対象に，2002年3月期データから並べたものである。ただし，ここではソルベンシーマージン比率を除き，それぞれの数値が総資産に対してどれだけの割合（％）にあるかを示している。むしろ，このほうが生保間の経営比較が行いやすいであろう。

図表2－2 主要生保の経営諸指標（2002年3月期）

生保会社	収益性指標		健全性指標		
	基礎利益率	経常利益率	ソルベンシーマージン比率	株式含み率	実質純資産率
日本生命	1.2	0.6	714.4	3.8	13.2
第一生命	1.3	0.3	593.0	1.3	8.1
住友生命	1.3	0.6	534.5	▲1.2	4.3
明治生命	1.5	0.1	609.4	1.8	9.5
朝日生命	1.4	▲0.9	417.6	▲1.4	5.1
安田生命	1.9	0.3	612.8	▲0.3	7.2
三井生命	1.3	0.1	510.7	▲1.7	3.4
大同生命	1.8	0.7	772.0	0.3	7.9
太陽生命	0.2	0.3	767.0	0.0	6.7
富国生命	1.2	0.2	708.2	0.4	7.9

（注1） 単位は％，▲印はマイナスを示す。
（注2） 経営諸指標は，ソルベンシーマージン比率を除き，総資産に対する割合（％）を示す。

これらの経営指標について説明するまでもないが、「基礎利益率」と「経常利益率」はその数値が高いほど収益性が高く、「ソルベンシーマージン比率」、「株式含み率」そして「実質純資産率」もその数値が高いほど健全性が高いと解釈できる。
　図表2－2を見る限りでは収益性指標としての経常利益率がマイナスの生保が存在したり、また健全性指標としての株式含み率がマイナスの生保が複数存在している。これらの生保はやや気になるところである。

第2節　どの経営指標に注目すればよいか

(1)　逆ざやが生保経営に及ぼすメカニズム
　いままで生保経営の実態を示す経営指標についていくつか指摘してきた。それでは、これらの指標はどのような関係にあるのだろうか。そして、生保経営を判断するうえで最も注目しなければならない指標はどれであろうか。これらについて考えてみよう。
　まず、今日の生保業界を取り巻く経済環境を振り返ってみると、生保は極めて厳しい状況に置かれているといえる。バブル崩壊後の景気低迷が長期にわたって続いているからだ。そのことが金利水準の低下そして株価の下落を引き起こし、生保にとって深刻な逆ざや問題を発生させている。
　「逆ざや」とは実際の運用利回りが予定利率（生保が契約者に約束した利率）を下回る現象である。逆ざやが発生すれば生保の収益を圧迫するため、損益計算書から弾き出される収益性指標の基礎利益率や経常利益率が下がる。
　しかも、逆ざやが無視できないほどの規模に達している状況のもとでは株式売却により含み益を実現益に置き換えたり、内部留保を取り崩さなければならない。そのため、健全性指標のソルベンシーマージン比率、株式含み率そして実質純資産率も下がらざるを得なくなる。

第2章 〈2002年〉 生保経営の実態は「ディスクロージャー誌」から読み取れるか

(2) 保有契約高伸び率に注目しよう

こうして見ていくと生保が直面している逆ざや問題は，収益性指標にも健全性指標にも同じマイナスの方向に影響を及ぼしていることがわかる。

そのことが人々に伝わり，現下の厳しい経済環境のもとでは新規契約の伸び悩みそして解約の高止まりを生み出している。その結果が総合指標の保有契約高伸び率となって表れ，主要生保のほとんどがマイナスの状態に陥っている。それが今日の生保の姿である。

図表2－3はそのような関係をイメージ図でまとめたものである。この図からわかるように収益性指標も健全性指標も最終的には，総合指標の保有契約高伸び率に反映される。

もちろん，保有契約高伸び率それ自身も収益性指標や健全性指標にある程度の影響を与えているので，因果関係を直線的にとらえるのは難しい。

図表2－3　生保会社の経営諸指標とその関連性

```
     バブル崩壊後            ──→           逆ざや問題
     の景気低迷
         │                                      │
         ↓                                      ↓
    【総合指標】                          【収益性指標】
    保有契約高伸び率        ──→          基 礎 利 益 率
                                          経 常 利 益 率

                                          【健全性指標】
         ↑                                ソルベンシーマージン率
         └────────────────────            株 式 含 み 率
                                          実 質 純 資 産 率
```

また，保有契約高は低迷する日本経済の影響をもろに受けている側面もある。名目所得の減少は新規契約や解約に無視できない影響を及ぼしている。
　しかし，そのような間接的影響を取り除けば，逆ざやが生保の収益性指標と健全性指標に甚大な影響を与え，そのことが保有契約高伸び率の低迷となって表れているといえる。この関係は生保経営の実態をとらえるうえで是非，知っておかなければならないメカニズムである。
　このように考えていくと，生保経営の実態を客観的にとらえた最もわかりやすい経営指標は，保有契約高伸び率となる。
　生保経営を伝える経済誌などではさまざまな経営指標を紹介している。また，生保のディスクロ誌でも詳細なデータが並べられている。だが，それぞれの指標のメカニズムを追えば，保有契約高伸び率に注目するだけで生保経営の実態がほぼつかめることがわかる。

(3)　生保破たんを事前に知らせるシグナル

　すでに触れたように戦後初の生保破たんが起きてから今日に至るまで，7社が破たんした。1997年に日産生命が破たんし，2年後の1999年には東邦生命が破たんした。日産，東邦の破たんは人々にとって衝撃的な事件であった。
　だが，生保破たんの衝撃はそれだけでとどまらず，2000年に入ると，第百生命，大正生命，千代田生命，協栄生命の4社がたった半年ほどの間に破たんした。まさに生保の連続倒産が起きてしまった。そして，翌年の2001年には東京生命も破たんし，合計7社の生保が消えていった。
　そのような破たん生保を対象に保有契約高伸び率の動きを追っていくと，その指標が有益な情報をもたらしていることが確認できる。
　図表2－4はそのために整理されたものである。この表からわかるように保有契約高伸び率は，破たんするまでの数年間にわたってマイナス状態にある。しかも，マイナスの幅が押さえられなくなった時点で破たんに至っている。
　保有契約高伸び率を時系列的に見ていくと，それぞれの生保の経営内容をほぼ確実に推し量ることができる。それと同時に，最悪の場合，その指標は生保

第2章 〈2002年〉 生保経営の実態は「ディスクロージャー誌」から読み取れるか

図表2－4　破綻生保の保有契約高伸び率の動き

生保会社	保有契約高伸び率						
	1994年3月期	1995年3月期	1996年3月期	1997年3月期	1998年3月期	1999年3月期	2000年3月期
東 京 生 命	1.9	1.1	1.9	1.1	▲6.7	▲7.1	▲6.9
協 栄 生 命	6.5	5.9	5.4	2.5	▲5.4	▲5.0	▲7.1
千代田生命	7.7	5.5	1.4	▲0.8	▲12.2	▲8.7	▲9.7
大 正 生 命	3.2	1.7	1.9	3.2	▲0.2	▲1.9	－
第 百 生 命	10.7	8.5	6.5	2.4	▲9.9	▲9.2	－
東 邦 生 命	3.8	0.9	▲0.2	▲1.3	▲17.5	－	－
日 産 生 命	2.8	1.0	▲0.5	－	－	－	－

（注1）　単位は％，▲印はマイナスを示す。
（注2）　保有契約高は個人保険と個人年金の合計で，伸び率は前年同期比（％）を示す。

破たんを事前に知らせるシグナルにもなっていることに気づくであろう。

だが，いままでの説明からもわかるように保有契約高伸び率は単に結果を示した指標に過ぎない。今日の生保が危機的状況に陥っているのは逆ざや問題にある。そのことを示す指標を打ち出さない限り，あまり意味のある分析とはいえないであろう。

そこで，次に生保危機の元凶である逆ざやに焦点を絞りながら，生保経営の実態を真にとらえた指標を見つけ出していくことにしたい。

第3節　「逆ざや額」に注目すればよいか

(1)　予定利率を下回る生保の運用利回り

生保は契約者から預かった資金を企業に貸し付けたり，株式や債券などで効率的に運用する。その際のメルクマール（Merkmal）に相当する最低の運用利回りが，予定利率である。

ところが，実際の運用利回りは絶対に守らなければならないはずの予定利率を下回っているのが，わが国生保の現状である。そのことを示したグラフが図表2－5である。そこでは個人保険（10年超）の予定利率と総資産運用利回り

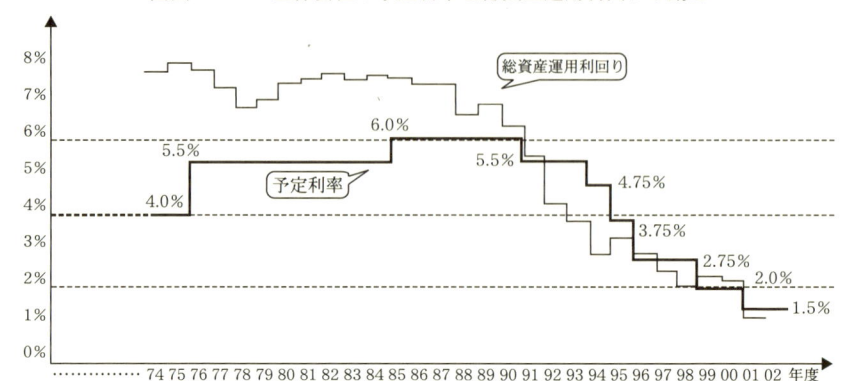

図表2－5　生保会社の予定利率と総資産運用利回りの動き

（注）予定利率（生保各社の標準的利率）は生命保険協会から，総資産運用利回りは「生命保険ファクトブック」（生命保険文化センター）からのデータを参考に作成した。

の動きが描かれている。

　この図を見るとわかるように，予定利率は1970年代前半まで長期間にわたって4％であった。その後，1980年代後半のバブル期に向かって6％まで引き上げられた。それでも総資産運用利回りは予定利率を上回っていた。

　しかし，1990年代に入ってバブルが崩壊すると，金利も株価も下落傾向を辿り，運用環境は急激に悪化していった。そのため，運用利回りも急速に低下し，逆ざや問題が発生してしまった。

　もちろん，運用環境の悪化から新規契約の予定利率は引き下げられたが，すでに契約を結んでいる保険は高い予定利率を守らなければならない。しかも，生保商品はほかの金融商品と異なり，満期が20年，30年といった超長期である。そのため，逆ざやはなかなか解決できにくい厄介な問題となっている。

(2) なぜディスクロ誌は過去において，逆ざや額を取り上げなかったのか

　逆ざや問題が経営に甚大な影響を及ぼしていることを生保自身も認識しているのだろう。決算発表時に新聞などを通じて必ず1年間に発生した「逆ざや

第2章 〈2002年〉 生保経営の実態は「ディスクロージャー誌」から読み取れるか

図表2－6　主要生保と破綻生保の逆ざや額の動き

生保会社		逆ざや額								
		1994年3月期	1995年3月期	1996年3月期	1997年3月期	1998年3月期	1999年3月期	2000年3月期	2001年3月期	2002年3月期
主要生保	日本生命	3,000 (－)	2,700 (▲300)	4,200 (1,500)	3,000 (▲1,200)	3,300 (300)	3,600 (300)	3,900 (300)	3,200 (▲700)	3,400 (200)
	第一生命	2,000 (－)	1,800 (▲200)	2,900 (1,100)	1,900 (▲1,000)	2,100 (200)	2,400 (300)	2,400 (0)	2,567 (167)	2,549 (▲18)
	住友生命	2,200 (－)	2,000 (▲200)	2,800 (800)	2,100 (▲700)	2,200 (100)	2,300 (100)	2,100 (▲200)	2,500 (400)	2,365 (▲135)
	明治生命	1,500 (－)	1,300 (▲200)	1,900 (600)	1,200 (▲700)	1,300 (100)	1,500 (200)	1,500 (0)	740 (▲760)	789 (49)
	朝日生命	1,000 (－)	900 (▲100)	1,400 (500)	1,000 (▲400)	1,100 (100)	1,300 (200)	1,300 (0)	1,200 (▲100)	1,063 (▲137)
	安田生命	860 (－)	680 (▲180)	1,000 (320)	600 (▲400)	670 (70)	790 (120)	800 (10)	730 (▲70)	390 (▲340)
	三井生命	950 (－)	800 (▲150)	1,200 (400)	800 (▲400)	834 (34)	867 (33)	860 (▲7)	940 (80)	877 (▲63)
	大同生命	230 (－)	220 (▲10)	540 (320)	60 (▲480)	100 (40)	121 (21)	70 (▲51)	92 (22)	57 (▲35)
	太陽生命	400 (－)	1,000 (200)	1,000 (400)	900 (▲100)	860 (▲40)	900 (40)	800 (▲100)	720 (▲80)	662 (▲58)
	富国生命	N.A. (－)	300 (－)	400 (100)	290 (▲110)	300 (10)	350 (50)	320 (▲30)	350 (30)	345 (▲5)
破綻生保	東京生命	140 (－)	130 (▲10)	200 (70)	130 (▲70)	130 (0)	120 (▲10)	100 (▲20)	－ (－)	－ (－)
	協栄生命	N.A. (－)	400 (－)	700 (300)	650 (▲50)	700 (50)	700 (0)	750 (50)	－ (－)	－ (－)
	千代田生命	800 (－)	650 (▲150)	800 (150)	470 (▲330)	410 (▲60)	440 (30)	420 (▲20)	－ (－)	－ (－)
	大正生命	N.A. (－)	N.A. (－)	N.A. (－)	N.A. (－)	35 (－)	31 (▲4)	17 (▲14)	－ (－)	－ (－)
	第百生命	N.A. (－)	300 (－)	500 (200)	300 (▲200)	250 (▲50)	350 (100)	－ (－)	－ (－)	－ (－)
	東邦生命	800 (－)	600 (▲200)	800 (200)	600 (▲200)	500 (▲100)	－ (－)	－ (－)	－ (－)	－ (－)
	日産生命	160 (－)	200 (40)	350 (150)	－ (－)	－ (－)	－ (－)	－ (－)	－ (－)	－ (－)

(注)　単位：億円。括弧内は対前年同期の増減額を示す。

額」を知らせている。

　だが，不思議なことに生保は過去において肝心要の逆ざや額をディスクロ誌で取り上げていなかった。最近になってようやく発表しているありさまである。

　逆ざやは生保危機の元凶であり，ディスクロ誌は契約者に生保の真実の姿を伝えるように編集されているはずである。それにもかかわらず，逆ざや額がディスクロ誌で触れられていなかったのは，不思議な気がする。

　それでも逆ざや額は毎年，決算発表時にマスコミ向けに報道されてきた。そこから逆ざや額を過去にさかのぼって拾い上げていくと，図表2－6のようになる。この表では主要生保のほかに破たん生保の逆ざや額も示されている。

　まず，逆ざや額の動きをおおまかに見ると，その数値が増えたり減ったりしているのに気づく。生保を取り巻く経済環境が激変しない限り，逆ざやは確実に増え続ける性格を持っている。それにもかかわらず，増減を繰り返すのは理解し難い。

　しかも，破たん生保が過去に発表した逆ざや額をていねいに見ていくと，ほぼ確実に減少傾向にある。素直に解釈すれば，その動きは逆ざや問題を解消し，経営が改善している兆候と見なせる。

　ところが，最終的には破たんしてしまった。結局，決算で発表された逆ざや額は経営内容を正確に知らせる指標とはなっていなかったといえる。

　こうして見ていくと，逆ざや額が過去においてディスクロ誌で取り上げてこなかった理由も，おおかた察しが付くように思われる。

第4節　三利源開示の必要性

(1) 逆ざやと利差損は異なるジャーゴン

　保険論の教科書には必ずといってよいほど「生保の三利源」が書かれている。計算基礎率から生み出される三種類の利益が，生保経営にとって重要な指標となっているからである。

　生保の三利源は死差益，費差益，利差益から成り立っている。このうち「死

第 2 章 〈2002年〉 生保経営の実態は「ディスクロージャー誌」から読み取れるか

差益」は実際の死亡率が予定死亡率を下回ったときに発生する利益であり,「費差益」は実際の費用が予定事業費率に基づいて計算された費用を下回ったときに発生する利益である。

そして,「利差益」とは実際の運用利回りが予定利率を上回ったときに発生する利益をいう。いままで逆ざやという用語を用いてきたが,本来,それは正しい表現ではないであろう。逆ざやがマイナスの利差益を意味しているのだから,「利差損」と表現すべきである。

そうすると,逆ざやも利差損も同じ内容で,表現だけが違うように思われるかもしれない。しかし,実務家のあいだでは逆ざやと利差損は異なるジャーゴン（専門用語 jargon）で,両者を明確に分けているようである。

先ほど,過去に発表された逆ざや額が不自然な動きをしていたことを指摘した。逆ざやは時間の経過とともに増えていく性格を持っているのに,必ずしもそのことがあてはまらなかったからである。だが,その疑問は三利源に注目すれば,自然と解き明かされる。

容易に想像がつくように過去に発表された逆ざや額は,実際に発生した利差損に死差益と費差益の一部を適当に穴埋めしていたからである。だから,逆ざやが減る年度があったりしたのである。これではまったく生保の経営実態を伝える指標とはならないであろう。

(2) 生保の損益が自己資本に及ぼす効果

今日の生保は運用環境の悪化から利差損が発生し,それを死差益と費差益でカバーしているのが現状である。その差額が生保の最終的な利益を形成する大きな要因となっている。

いままで生保は利益が発生すると,そのほとんどを契約者配当として分配してきた。しかし,これからは経営の安定性を高めるため,内部留保として自己資本を厚くしなければならないであろう。

図表 2－7(1)はそのような生保の利益が契約者配当として分配されず,自己資本として積み立てられる状態を示している。

図表2-7　生保の損益が自己資本に与える効果

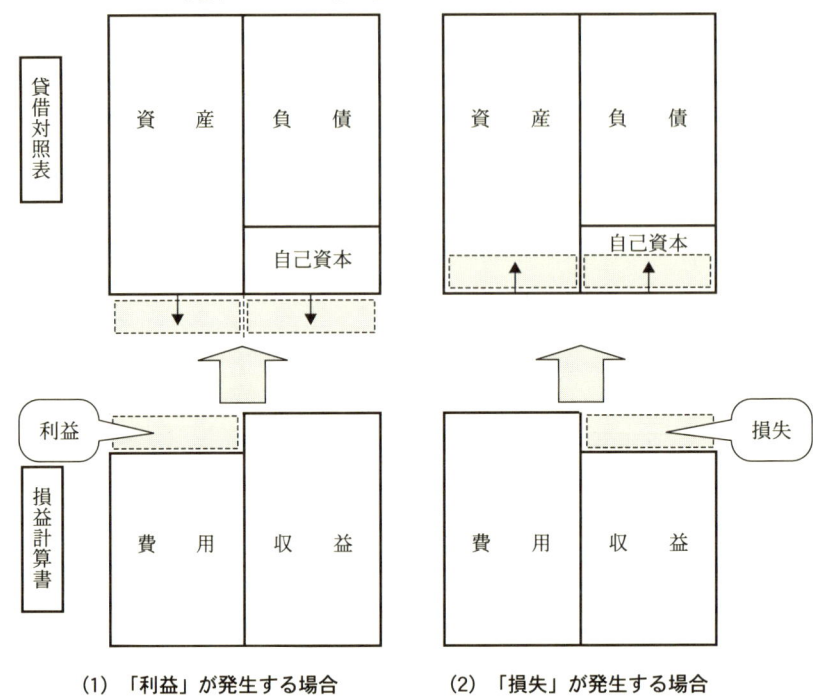

|貸借対照表|
|損益計算書|

(1)「利益」が発生する場合
　利益がすべて契約者配当として分配されないならば、資産と自己資本は増大する。

(2)「損失」が発生する場合
　資産と自己資本を減らすことになる。最悪の場合、債務超過に陥る可能性もある。

　それに対して**図表2-7**(2)は損失が発生し、自己資本を積み増しするどころか、逆に取り崩している状態を表している。損失をいつまでも押しとどめられなければ、自己資本は次第に薄くなり、最終的に債務超過の状態に陥る。まさに破たん生保はそのような最悪のプロセスを辿っていった。

　このように見ていくと、生保の実態をとらえるには利差損ばかりでなく、それをカバーするだけの利益が死差益そして費差益として十分に生み出されているかどうかを知る必要がある。

　過去に行われたような利差損に2つの利益の一部を引いた曖昧な逆ざや額の発表では、とても生保の経営を知ることはできないであろう。

三利源の分析は生保経営を見るうえで契約者が把握しておかなければならない重要な情報である。契約者は是非，知る必要があろう。

ところが，残念なことに個別生保の三利源は知らされていない。生保業界全体の三利源は開示されているが，個別生保の三利源は発表されていないのである。

これではいくら細かなデータがディスクロ誌に収められていても，生保経営の核心部分をつく情報がないに等しい。まさに画竜点睛を欠いた情報開示といわざるを得ない。

第5節　時価会計を導入しなければ生保破たんは防げない

(1)　最終利益の発表だけでは不十分

決算で発表される最終利益は，三利源の損益が中心となって生み出される。そうであれば，最終利益そのものの金額さえ知れば，それで十分と思われるかもしれない。

しかし，破たん生保のほとんどは直前の年度まで黒字であった。また，今日の主要生保の決算はすべて利益が生み出されている。それにもかかわらず，生保危機が消える兆しはまったくない。そのことは金融庁が破たん前の予定利率引き下げを再検討していることからもうなずけよう。

やはり，生保はあいまいな最終利益の発表だけで終わるのではなく，死差益・費差益・利差益の三利源をそれぞれ明確に開示すべきであろう。

(2)　将来の損益を織り込む会計制度

それでは三利源さえ開示されれば生保の実態が把握可能で，最終的に破たんが予測できるのだろうか。

確かに三利源は必要不可欠な開示項目である。しかし，それだけで生保の破たんが読み取れるわけではない。なぜなら，生保は超長期の商品を扱っているのに対して，決算ではたった1年間だけの成果を報告しているのに過ぎないか

らだ。

そのことを**図表2-8**のイメージ図で説明してみよう。生保は20年,30年といった超長期の生保商品を扱っている。それゆえ,死差益・費差益・利差益の三利源は現在ばかりでなく,将来も発生する。

そのため,将来1期に死差益と費差益が利差損を完全にカバーしていても,将来2期以降で利差損が2つの利益を上回る場合もある。

そのことが事前に予想されるならば,生保の負債側に位置する責任準備金を現時点でさらに積み立てておかなければならない。なぜなら,それを実行しなければ,将来,保険金の支払不足が発生してしまうからだ。

「生保の時価会計」はまさに将来発生する損失を追加責任準備金として,現

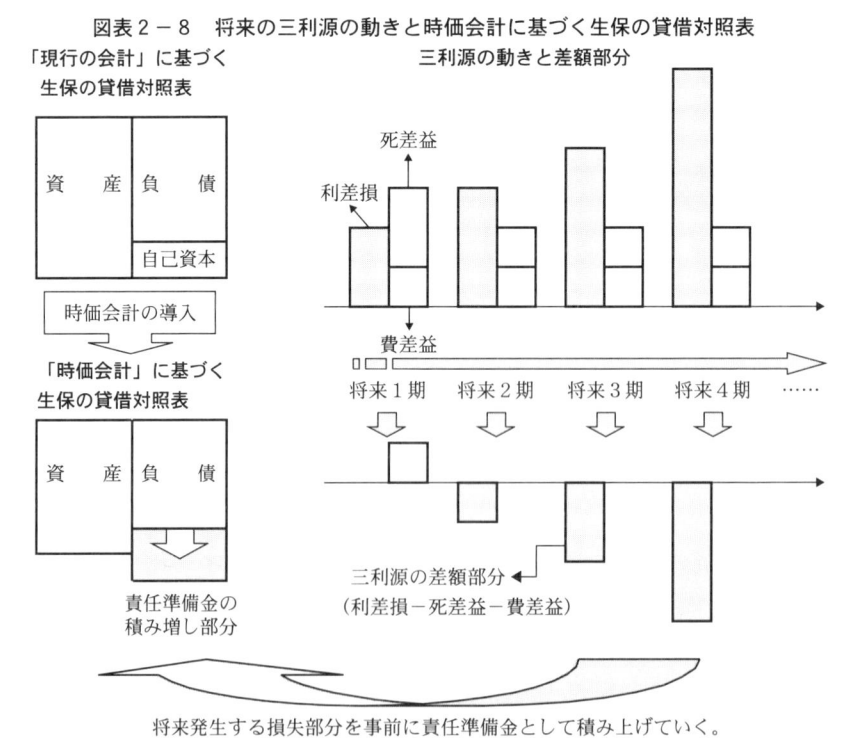

図表2-8　将来の三利源の動きと時価会計に基づく生保の貸借対照表

「現行の会計」に基づく生保の貸借対照表

資　産	負　債
	自己資本

時価会計の導入

「時価会計」に基づく生保の貸借対照表

資　産	負　債

責任準備金の積み増し部分

三利源の動きと差額部分

将来発生する損失部分を事前に責任準備金として積み上げていく。
最悪の場合には自己資本を食い潰し,債務超過に陥る恐れがある。

参考　『生命保険会社と時価会計』(生命保険文化研究所)

第2章 〈2002年〉 生保経営の実態は「ディスクロージャー誌」から読み取れるか

在の貸借対照表に織り込むことを意味する。現行の生保会計では将来の三利源の動きをとらえていない。そのため，たとえ現時点の決算が黒字でも，まったく安心できないことになる。

損失が将来にわたって続く恐れがあれば，時価で示した貸借対照表は債務超過のシグナルを出せるであろう。そうであれば破たんの可能性を事前に知らせることになる。その場合，生保は最悪の事態を食い止めるため，経営改善策を早急に進めるであろう。

こうして見ていくと，生保と長い付き合いをしなければならない契約者にとって時価会計は，大変好ましい会計制度であることがわかる。

(3) 目前に迫った生保の時価会計導入

超長期という生保商品の特性を考えると，やはり現行の会計制度は契約者を保護するうえで限界がある。単に三利源の開示だけを求めるのではなく，将来の三利源の動きを事前に読み込んだ時価会計の導入も必要であろう。

したがって，生保経営の実態を真にとらえた指標を求めようとするならば，時価会計の導入から出発しなければならないことがわかる。

実際，世界の会計制度の統一を目ざす国際会計基準委員会（IASB）は，保険の時価会計を近い将来，導入する意向を発表した。これが実現できれば生保破たんを事前に察知することができるだろう。

現在のところ，日本の生保業界ばかりでなく欧米の生保業界も時価会計の導入に真っ向から反対している。決算が金利や株価の変動などで大きく変わるからだ。

しかし，生保破たんが起きるたびに多くの負担が強いられるのは契約者である。そのことを考えれば時価会計の導入は早急に検討しなければならないであろう。

第3章

〈2003年〉

黒字決算なのに，なぜ
生保危機が叫ばれるのか

第3章 〈2003年〉 黒字決算なのに、なぜ生保危機が叫ばれるのか

第1節　主要生保10社の2003年3月期決算の特徴

(1)　減り続ける保有契約高

　主要生保10社の2003年3月期決算が発表された。それによると，個人保険・個人年金を対象にした保有契約高伸び率がほとんどの主要生保でマイナスとなった。新規契約の伸び悩み，そして落ち着きを取り戻しながらも依然として続く解約・失効の高止まり状態が解消できないために，保有契約高が減り続けているのである（**図表3－1**）。

図表3－1　主要生保の個人保険・個人年金の動き

生保会社	保有契約高		新規契約高		解約・失効高	
	2003年3月期	伸び率	2003年3月期	伸び率	2003年3月期	伸び率
日本生命	2,946,793	▲3.3	252,426	8.5	248,246	0.1
第一生命	2,125,994	▲3.5	178,621	▲3.7	195,183	▲0.0
住友生命	1,883,751	▲5.0	161,658	▲15.1	188,591	▲11.3
明治生命	1,144,535	▲6.1	88,907	▲27.5	126,982	▲2.4
朝日生命	695,352	▲8.5	77,994	▲10.6	109,256	▲15.8
安田生命	674,481	▲5.2	71,951	▲12.9	77,464	▲4.6
三井生命	585,339	▲5.2	56,734	▲0.1	61,579	▲22.5
大同生命	393,426	1.1	46,735	2.3	32,906	▲5.8
太陽生命	152,686	0.2	21,754	▲0.6	13,188	9.0
富国生命	375,133	0.3	35,840	▲3.1	23,317	2.2

（注）　単位は億円，伸び率は対前年同期比（％），▲印はマイナスを意味する。

　これにより生保危機が表面化した1998年3月期決算から数えて，生保業界全体の保有契約高は6年連続して減少し続けていることになる。

(2)　内部留保の取り崩し

　2003年3月期決算で特に気になるのは，前年に引き続き，主要生保の多くが危険準備金や価格変動準備金，あるいは危険積立金や価格変動積立金といった内部留保を取り崩している点であろう。

生保が内部留保の取り崩しを行うのは，株価下落の影響をもろに受けたためといわれる。

主要生保は資本の相互持合の関係から，銀行株を中心に大量の株式を保有している。そのなかで銀行株が急落したため，生保は大量の含み損を抱えてしまったのである（**図表3－2**）。

図表3－2　主要生保の内部留保と保有株式の損益

生保会社	内部留保		保有株式			
			減損処理額		株式含み損益	
	2003年3月期	2002年3月期	2003年3月期	2002年3月期	2003年3月期	2002年3月期
日本生命	9,560	9,891	4,957	3,125	6,690	17,223
第一生命	5,230	5,768	3,699	3,453	▲1,513	3,789
住友生命	2,277	4,117	3,256	927	▲3,041	▲2,832
明治生命	3,177	3,418	1,003	2,205	37	3,064
朝日生命	23	1	595	2,862	▲2,132	▲1,050
安田生命	2,111	2,547	1,266	452	▲558	▲333
三井生命	462	934	1,372	628	▲2,180	▲1,439
大同生命	1,045	1,370	407	486	36	179
太陽生命	564	1,086	803	16	▲629	34
富国生命	708	717	163	382	▲503	185

（注）　単位は億円である。内部留保は価格変動準備金，危険準備金，危険積立金，価格変動積立金の合計金額である。

(3) 配当への影響

含み損は時価会計の影響から評価差額金という科目で処理され，損益計算書を通さずに自己資本を減らす。だが，大幅に下落した株式は評価損として損益計算書のなかで減損処理しなければならない。

このことは最終利益に相当する当期剰余を直接減らすため，生保にとって深刻な影響を及ぼす。なぜなら，そのことは解約者がもっとも気にする配当の減額につながるからだ。

そこで，この動きを多少なりとも食い止めるために持ち出されたのが，「内部留保の取り崩し」である。まさに最後に残された手段といえる。

第3章 〈2003年〉 黒字決算なのに、なぜ生保危機が叫ばれるのか

それでも今回の決算では契約者に分配される配当が前の年度よりも減額され、なかには無配の生保も現れている。

準備金の取り崩しは自己資本そのものを引き下げるため、生保の健全性を示すソルベンシーマージン比率や実質純資産も下がる。しかも、これらの経営指標は過去数年にわたって低下傾向にある。

今回もその流れを押しとどめる要因がまったく見出せず、さらに悪化した数値が発表されている。

なかでも実質純資産に占める「繰り延べ税金資産の割合」が急激に高まっていることは、今回の決算で注目しなければならない特徴であろう（図表3－3）。

図表3－3 主要生保の健全性指標

生保会社	ソルベンシーマージン比率		実質純資産		繰り延べ税金資産の割合	
	2003年3月期	2002年3月期	2003年3月期	2002年3月期	2003年3月期	2002年3月期
日本生命	630	714	50,774	59,696	6	0
第一生命	543	593	20,616	24,099	14	5
住友生命	497	535	8,444	9,800	34	29
明治生命	532	609	13,623	16,283	18	5
朝日生命	360	418	2,363	3,936	74	47
安田生命	617	613	5,896	7,022	30	22
三井生命	410	511	1,176	2,778	106	44
大同生命	860	772	5,154	4,712	12	15
太陽生命	681	767	3,412	4,556	23	15
富国生命	650	708	3,161	3,748	16	8

（注） 単位は％・億円である。繰り延べ税金資産の割合（％）は、実質純資産に対する割合を意味する。

第2節 基礎利益、経常利益、当期剰余はどうか

(1) 生保が抱える逆ざや問題

いま説明したように株式の減損処理が生保経営に与えた影響は確かに大きい。だが、今日の生保経営が直面している最大の問題はやはり逆ざやであろう。

「逆ざや」とは実際の運用利回りが「予定利率」（契約者に約束した運用利回り）を下回る現象をいう。それは損失を意味するため，「利差損」とも呼ばれている。

生保は契約者に約束した「計算基準」を前提に保険料を定めている。そのひとつが運用のノルマである予定利率である。

本来ならば，予定利率を上回るように資金を運用し，「利差益」を発生させなければならない。ところが，超低金利の運用環境から，利益を生み出すどころか，損失を発生させているのが現状である。

その一方で生保は予定利率のほかに2つの計算基礎率を定めている。それが「予定死亡率」と「予定事業費率」であり，こちらは2つともノルマを達成している。

つまり，実際の死亡率は予定死亡率を下回っているため「死差益」を生み出し，また実際の事業費率も予定事業費率を下回っているので「費差益」を生み出している。

(2) 生保の利益を示す指標

このように生保の利益は，利差益，死差益，費差益の3種類から成り立っている。これを「生保の三利源」と呼んでいる。

そうすると，今日の生保経営の実態を把握するには，死差益と費差益が逆ざやをどれだけ穴埋めしているかを見ればよいことになる。

それを具体的に示した数値が「基礎利益」であり，三利源の合計金額に相当する。したがって，生保経営の実態をとらえるには，基礎利益を見ればよいことになる。

さらに経営内容を正確にとらえるには基礎利益にキャピタル損益を加えた「経常利益」や，それに特別損益を加えた「当期剰余」を見る必要がある。

そこで，今回の決算で発表された主要生保の基礎利益，経常利益，当期剰余を見ると，すべての生保が黒字である。これらの数字を見る限りでは，まったく生保危機が感じられない（**図表3－4**）。

第3章 〈2003年〉 黒字決算なのに，なぜ生保危機が叫ばれるのか

図表3－4　主要生保の逆ざや額と3種類の利益

生保会社	逆ざや額		3種類の利益					
			基礎利益		経常利益		当期剰余	
	2003年3月期	2002年3月期	2003年3月期	2002年3月期	2003年3月期	2002年3月期	2003年3月期	2002年3月期
日本生命	3,200	3,400	5,451	5,617	1,165	2,720	1,114	2,476
第一生命	3,504	2,549	3,662	3,777	1,342	1,034	561	275
住友生命	2,236	2,365	3,005	2,985	158	1,332	13	734
明治生命	695	789	2,592	2,586	1,299	224	427	143
朝日生命	880	1,063	757	1,064	17	▲667	58	▲1,495
安田生命	340	390	1,825	1,836	558	252	705	291
三井生命	796	877	941	1,063	113	90	423	556
大同生命	204	57	887	1,098	460	4,007	114	76
太陽生命	434	662	287	138	230	182	48	5
富国生命	380	345	584	574	41	91	76	160

（注）単位は億円，▲印はマイナスを意味する。

第3節　決算だけでは生保危機が伝わらない

(1)　たった4年間で7生保が消えた

　周知のようにバブル崩壊後のわが国を取り巻く経済環境はなかなか改善されず，生保は超低金利といった厳しい状況のなかで逆ざや問題に悩まされ続けてきた。その結果，1997年4月に戦後初の生保破たんが起きた。日産生命の破たんである。この衝撃的な事件から2年後の1999年6月に第2番目の破たんが起き，2000年にはなんと4社が次々と消え，翌年の2001年3月にはさらにもう一社が破たんした。

　このようにたった4年間に7つの生保が瞬く間に消えていった。この事実から「生保危機」は保険関係者だけでなく，一般の人々にもはっきりと認識されたものと思われる。

　ところが，不思議なことに生保決算を見る限りでは，そのことがまったく伝わらない。なぜなら，決算で「黒字」が報告されているからだ。深刻な生保経

営の実態と決算の数字があまりにも掛け離れているように思われる。

(2) 溢れるばかりの基礎利益

戦後初の生保破たんが起きてから，すでに6年が経過している。

その間，生保危機が絶えず声高に叫ばれながらも，生保の本源的な利益を表す基礎利益はすべての生保で黒字である。逆ざやに苦しみながらも死差益と費差益の2つの利益で十分穴埋めされていることが報告されている。

個別生保を対象にした三利源の開示は依然として進展していないが，業界全体の数字はすでに発表されている。それによると，2つの利益は逆ざやを吸収するどころか，溢れるばかりの基礎利益を生み出している（図表3－5）。

図表3－5　生保業界全体の三利源

		1998年3月期	1999年3月期	2000年3月期	2001年3月期	2002年3月期
基礎利益		20,653	12,398	22,617	20,488	19,767
	費差益	15,100	14,352	11,433	9,999	7,898
	死差益	27,108	25,377	25,177	25,195	27,067
	利差益	▲21,555	▲27,332	▲13,993	▲14,706	▲15,198

(注)　単位：億円。
(注)　「日本経済新聞」2001年5月28日（朝刊），6月27日（夕刊），2002年10月7日（朝刊）の記事参照。

これでは生保危機が存在しないことになる。逆ざやが2つの利益で十分に吸収されていれば，生保は破たんしない。

それにもかかわらず，過去に7社も破たんしているのである。決算で発表される基礎利益は，不思議な数字といわざるを得ない。

(3) どちらが正しいのか

今回の決算では一部の生保で配当が出せないところが現れた。だが，基礎利益はプラスである。

決算の数字だけを見れば，生保経営の根幹にかかわる部分には問題がなく，

ただ，保有株の大幅な値下がりという経済の特殊要因に生保経営が一時的な影響を受けたに過ぎないと解釈されるかもしれない。

だが，そのように理解する人は少ないであろう。むしろ，生保決算の数字が実態を正確に反映していないだけである。そう考える人のほうが圧倒的に多いと思われる。

それでは，どちらが正しいのであろうか。そのことを判断するには，実際に決算を作成している生保関係者に直接問うのが一番よいかもしれない。

あるいは生保決算をチェックした監査法人に訊ねるのもよいだろう。

答えは決まっている。決算の数字は「法令及定款に従い会社の財産及び損益の状況を正しく示している」という，決まり文句がそっけなく帰ってくるだけであろう。

そこで，過去に破たんした7生保の決算を振り返りながら，発表された数字が実態とどれだけ乖離しているかを見ていくことにしたい。

第4節　破たん生保の決算は真実を伝えていたか

(1) 200％を超えていた破たん生保のソルベンシーマージン比率

安全な生保と危険な生保を識別する指標として，1998年3月期決算からソルベンシーマージン比率が発表されるようになった。

この指標は複雑な計算プロセスから導き出されるにもかかわらず，一般の人でもすぐに生保経営の安全度を見極めることができる。

なぜなら，この指標が200％を上回っていれば，安心できる生保と判断できるからだ。そのため，当初は多くの人々の注目を集めた。

ところが，破たんした千代田生命，協栄生命，東京生命のソルベンシーマージン比率を見ると，破たん直前の年度まで安全圏であるはずの200％を超えていた。本来ならば安心できる生保であるにもかかわらず，突然，破たんしてしまったのである（**図表3－6**）。

このような結果がもたらされたのは，ソルベンシーマージン比率の計算方法

図表3-6 破たん生保のソルベンシーマージン比率

	日産生命	東邦生命	第百生命	大正生命	千代田生命	協栄生命	東京生命
1998年3月期	*	154	295	335	314	301	432
1999年3月期	*	*	305	385	396	343	479
2000年3月期	*	*	*	68	263	211	447

(注) 単位：％。

そのものに欠陥があったためと考えられるかもしれない。

そうであるならば，批判の目は技術的な計算方法に向けられなければならないであろう。だが，決算そのものに対しても疑問の目を向けていく必要があろう。

なぜなら，いくら高度な数学的技術を駆使してつくられたソルベンシーマージン比率の算出式も，決算の数字そのものが実態を正確に反映していなければ，誤った結果をもたらす恐れがあるからだ。

(2) 破たん生保の決算はいつも黒字だった

決算と実態が大きく掛け離れていたことを示すもっともわかりやすい例は，やはり破たん直前の年度まで経常利益も当期剰余もともに黒字であったことであろう。

先ほども触れたように生保の経営成果は，基礎利益にキャピタル損益を加えた経常利益に映し出される。そして，最終的な結果はそれに特別損益を加減した当期剰余で表される。

そのため，当期剰余が黒字で，配当が出されている限り，経営上，安心できる生保と判断できる。契約者はそのことを前提に自分たちが加入している生保の経営状態を判断しているものと思われる。

ところが，破たん生保が発表した経常利益と当期剰余を見ると，ほとんどが破たん直前の決算まで黒字であった。

破たんした7生保のうち，第百生命と大正生命だけが破たん直前の決算で赤字を発表しているだけで，残りの5生保は黒字であった（**図表3-7**）。

第３章 〈2003年〉 黒字決算なのに，なぜ生保危機が叫ばれるのか

図表３−７ 破たん生保の経常利益と当期剰余

	日産生命		東邦生命		第百生命		大正生命		千代田生命		協栄生命		東京生命	
	経常利益	当期剰余	経常利益	当期剰余	経常利益	当期剰余	経常利益	当期剰余	経常利益	当期剰余	経常利益	当期剰余	経常利益	当期剰余
1993年3月期	7,692	11,734	208	38,211	28,986	22,865	101	1,103	71,617	59,838	43,108	51,882	13,595	14,610
1994年3月期	5,080	9,579	▲19,761	23,305	16,223	14,456	250	747	27,863	46,364	37,171	41,955	10,641	11,178
1995年3月期	▲1,009	7,500	▲44,854	13,422	▲4,078	6,980	190	570	▲41,162	25,056	▲1,014	35,625	▲3,170	9,020
1996年3月期	1,927	11,314	8,099	16,673	7,948	11,788	175	583	16,320	36,210	6,048	36,168	11,935	11,742
1997年3月期	*	*	6,758	12,311	2,538	6,907	50	456	16,868	24,690	38,536	35,211	1,897	8,494
1998年3月期	*	*	121	10,911	6,857	5,265	25	284	45,642	15,904	27,067	25,182	1,567	6,620
1999年3月期	*	*	*	*	▲38,704	▲10,935	▲4,532	350	42,151	19,860	21,023	20,665	6,020	5,623
2000年3月期	*	*	*	*	*	*	▲4,100	▲7,019	21,542	3,148	4,317	10,144	6,943	4,092

（注）単位：百万円。

このように破たん生保の決算を見ると，ほとんどが経常利益も当期剰余もともに黒字であった。それにもかかわらず，突然，破たんしてしまった。これではいくら決算で詳細な数字を発表していても，生保経営の実態を契約者に正しく伝達する仕組みができていなかったことになる。

第5節　破たん生保社長の告白は参考になるか

(1)　積立不足が破たんを引き起こした

　破たん生保を見ていくと，決算の数字と実態が大きく掛け離れていることがわかる。それでは，なぜ破たんしたのであろうか。生保の貸借対照表を頭に浮かべながら，説明していくことにしよう。
　単純に考えれば，その原因は破たんが宣言される以前に「積立不足」がすでに起きていたからではないかと考えられる。
　そのことを生保の貸借対照表で表現すると，責任準備金に代表される「負債」のほうが貸付や有価証券などで構成される「資産」よりも大きい「債務超過状態」が発生していたことになる。
　生保経営を手厳しく批判するマスコミのなかには，このような積立不足の可能性を指摘する場合が多い。それに対して生保側は当然のことながら決算で発表する数字を盾に，全面的に否定する。

(2)　日産生命社長の告白

　だが，1997年4月に破たんした日産生命のケースを取り上げると，当時の社長自身が告白しているように，1994年3月期決算からずっと債務超過状態にあった。
　当時の監督機関であった大蔵省もそのことを認識していた。それにもかかわらず，発表された決算は黒字の状態で，契約者に配当を分配していたのである。
　この事実に注目すれば，決算と実態の乖離は単純に，生保の積立不足で説明がつくように思われる。

第3章 〈2003年〉 黒字決算なのに，なぜ生保危機が叫ばれるのか

だが，これは日産生命という特殊なケースであり，それを今日の生保決算に当てはめるのは無理がある。あくまでも参考程度にすべきであろう。

実際，日産生命が債務超過に至ったのは，保有する有価証券や土地などの含み損が拡大したためである。当時の会計制度は今日のような金融商品の時価会計が導入されていなかったので，決算の健全化を装うことができたのである。

それでは今日の生保危機をうまく説明するにはどうすればよいのだろうか。そのためには資産側でなく，やはり負債側に注目しなければならないであろう。そうでなければ，生保危機の本質を見失うことになろう。

第6節　なぜ「予定利率引き下げ」の枠組みを急いで作らなければならないのか

(1)　黒字決算のなかで打ち出された予定利率引き下げ法案

生保が予定利率を引き下げられるようにする保険業法改正案が紆余曲折を経ながらも，ついに2003年の通常国会に提出され，可決された。

2年前の2001年6月の金融審議会で，予定利率引き下げを容認する内容の中間報告が出された。しかし，当時は解約の急増からすぐさま取り下げられた経緯がある。

今回はその苦い経験を踏まえて強引と思えるほど，機敏な動きを見せたように思える。

それでは，なぜ金融庁は「予定利率引き下げ」という枠組みを急いで作ろうとしなければならなかったのだろうか。

生保の決算はほとんどが黒字である。それにもかかわらず，予定利率引き下げの枠組みを作るのは理解しがたいように思える。

決算の数字と金融行政の動きがまったく一致しないように見える。

これは生保の負債側に位置する責任準備金を簿価でとらえているからこそ不思議な現象に見えるだけで，時価でとらえればすぐに理解できる。

(2) 責任準備金を時価でとらえれば，すぐに謎が解ける

今日の生保会計のもとでは将来の運用利回りが予定利率を達成できることを前提に，負債で大きな割合を占める責任準備金を積み立てている。

それが，「簿価による責任準備金」である。

ところが，現実の厳しい運用環境から冷静に判断すれば，将来の運用利回りは予定利率を下回ると考えざるを得ない。そこで，将来発生する逆ざやを前もって「追加責任準備金」として積み増しする必要がある。

それが，「時価による責任準備金」である。

そうすると，今日の低い運用利回りを参考に責任準備金を時価で計算すると，負債が資産を上回る債務超過状態が発生する。

これが生保危機の実態を伝える本来の貸借対照表の姿である。

それを今日の生保会計では客観的な経済分析を無視し，将来の運用利回りが高い予定利率を達成できることを前提に責任準備金を計算している。

そのため，資産が負債を上回る健全な生保の貸借対照表が作り出されているのである。

このような現実から乖離した生保の貸借対照表を実態に合わせるための方法がひとつだけ残されている。

それが「予定利率引き下げ」である。これを実行すれば，時価で示した責任準備金は大幅に減少し，現在積み立てている簿価で示した金額に近づけることができるのである。

(3) 決算と実態のギャップを最終的に調整するのは，「破たん」か，あるいは「予定利率引き下げ」のどちらかだ

黒字決算が発表されるなかで，なぜ金融庁は予定利率引き下げの枠組みを急いで作ろうとしているのか。疑問を抱く人が多かったように思える。

基礎利益はいうまでもなく，経常利益も当期剰余金も，ほとんどの生保が黒字である。

それにもかかわらず，予定利率引き下げを考えるのは，決算で示された簿価

第3章 〈2003年〉 黒字決算なのに，なぜ生保危機が叫ばれるのか

の責任準備金と，将来の保険金支払いに必要な時価で示された責任準備金のギャップを縮めようとしているからである。

いままではドラスティックに破たんという形で一気に調整が進められた。破たんが確認されれば，更生特例法のもとで予定利率が強制的に引き下げられるからである。

今回の提案は生保を存続させながら，それを実行しようとしているだけである。ただ，予定利率引き下げの枠組みは理論的に有効に見えても，実際に利用するのは極めて難しいであろう。信用を失った生保に新規契約が伸びることはあり得ず，解約の増大から破たんに至ることは目に見えているからだ。

いずれにせよ，予定利率が引き下げられても，また破たんに直面しても，最終的に負担を強いられるのは契約者である。そのことを考えれば，生保経営の実態を事前に織り込む負債の時価会計は一刻も早く導入する必要があろう。

第4章

〈2004年〉

主要生保の現状と将来戦略
――「生保離れ」が進行するにもかかわらず，
「好決算」を示す不思議な現象――

第４章 〈2004年〉 主要生保の現状と将来戦略

第１節　主要生保の2004年３月期決算の特徴を見よう

(1) 依然として解消されない「生保離れ現象」

　主要生保９社の2004年３月期決算が発表された。生保危機が叫ばれて久しいが，今回の決算は生保破たんが続いた過去数年の厳しい決算に比べれば，多少なりとも危機的状況から脱したように見える。

　なぜなら，ほとんどの主要生保で収益性と健全性を示す指標が改善されているからである。だが，「生保離れ現象」は依然として解消されないままである。そのことは保有契約高とそれに関係するデータから容易に判断できる。

　図表４－１は生保経営の実態を端的に表す指標として絶えず注目される「保有契約高」と，それに関連する「新規契約高」と「解約・失効高」を整理したものである。

　保有契約高は伸び率がプラスの生保が一部見られるが，９社合計で見ると，前年に引き続き減少している。これで７年連続の保有契約高減少となる。

図表４－１　主要生保の個人保険・個人年金の動き

生保会社		保有契約高				新規契約高				解約・失効高			
		2003年3月期	増減率	2004年3月期	増減率	2003年3月期	増減率	2004年3月期	増減率	2003年3月期	増減率	2004年3月期	増減率
日 本 生 命		2,946,793	▲3.3	2,783,205	▲5.6	252,426	8.5	194,681	▲22.9	248,246	0.1	258,505	4.1
第 一 生 命		2,125,994	▲3.5	2,029,205	▲4.6	178,621	▲3.7	153,707	▲13.9	195,183	▲0.0	194,817	▲0.2
住 友 生 命		1,883,751	▲5.0	1,764,551	▲6.3	161,658	▲15.1	127,007	▲21.4	188,591	▲11.3	181,295	▲3.9
明治安田生命		1,819,016	▲5.8	1,689,665	▲7.1	160,858	▲21.59	130,393	▲18.9	204,446	▲3.21	194,866	▲4.7
朝 日 生 命		695,352	▲8.5	619,857	▲10.9	77,994	▲10.6	34,680	▲55.5	109,256	▲15.8	82,724	▲24.3
三 井 生 命		585,339	▲5.2	544,697	▲6.9	56,734	▲0.1	41,389	▲27.0	61,579	▲22.5	56,326	▲8.5
T＆D保険グループ	大同生命	393,426	1.1	392,948	▲0.1	46,735	2.3	43,097	▲7.8	32,906	▲5.8	33,177	0.8
	太陽生命	152,686	0.2	160,778	5.3	21,754	▲0.6	28,142	29.4	13,188	9.0	13,626	3.3
富 国 生 命		375,133	0.3	375,380	0.1	35,840	▲3.1	37,375	4.3	23,317	2.2	24,383	4.6

（注）　単位は億円・％，増減率は対前年同期比（％），▲印はマイナスを意味する。

保有契約高は新規契約高と解約・失効高によって決定づけられる。そのため，新規契約高が高く，解約・失効高が低ければ，保有契約高は増大し，逆に新規契約高が低く，解約・失効高が高ければ，保有契約高は減少する。

　そこで，新規契約高の増減率を見ると，ほとんどの主要生保がマイナスで，しかも下落率がかなり高い。それに対して解約・失効高は過去の一時期に比べれば落ち着いた動きをしているが，依然として高止まり状態にある。

　結局，新規契約高の減少と解約・失効高の高止まり状態が合わさり，保有契約高が減り続ける状態が長期にわたって起きていることがわかる。

　こうした数値を見る限りでは，やはり主要生保は依然として深刻な生保離れ現象から逃れられていないと判断できる。

(2)　収益性指標から分析してみよう

　保有契約高は生保の収益を生み出す源泉である。そのため，この数字が減り続けることは生保の収益そのものを減らすことを意味する。そうであるならば，収益性指標も決算で好ましくない結果が発表されると考えられる。

　そこで，実際にそのことが成立しているかどうか，主要生保の収益性指標から見てみることにしよう。図表4－2はそうした収益性指標として「逆ざや額」，「基礎利益」，「当期剰余」の3指標を並べたものである。

　まず，逆ざや額から見てみよう。逆ざやは生保危機の元凶で，過去に破たんした7生保はどれも逆ざやが原因で消えていった。そのため，生保決算ではとりわけ逆ざやが注目される。

　その逆ざや額を見ると，ほとんどの主要生保が1年前に比べて金額を減らしている。このことから主要生保がようやく危機的状況から一歩抜け出したかのように見えるかもしれない。

　だが，生保本来の利益を表す基礎利益を見ると，主要生保9社中，4社が前の年度よりも減少しているうえ，増大した生保もその金額はわずかである。基礎利益を見る限りでは改善傾向は読み取れない。

　しかし，最終的な利益である当期剰余は8社が黒字で，しかも1年前に比べ

第4章 〈2004年〉 主要生保の現状と将来戦略

図表4－2　主要生保の収益性指標

生保会社		逆ざや額			基礎利益			当期剰余		
		2003年3月期	2004年3月期	増減額	2003年3月期	2004年3月期	増減額	2003年3月期	2004年3月期	増減額
日　本　生　命		3,200	2,900	▲300	5,451	5,598	147	1,114	1,874	760
第　一　生　命		2,504	2,167	▲337	3,662	3,926	264	561	986	425
住　友　生　命		2,236	2,007	▲229	3,005	2,842	▲163	13	646	633
明 治 安 田 生 命		1,035	994	▲41	4,417	4,627	210	1,132	2,277	1,145
朝　日　生　命		880	983	103	757	669	▲88	58	197	139
三　井　生　命		796	678	▲118	941	922	▲19	423	▲159	▲582
T&D保険グループ	大同生命	204	129	▲75	887	1,073	186	114	380	266
	太陽生命	434	302	▲132	287	375	88	48	70	22
富　国　生　命		380	417	37	584	555	▲29	76	225	149

（注）　単位は億円，▲印はマイナスを意味する。

て著しく増加している。赤字なのは三井生命だけで気になるが，これは相互会社から株式会社への組織形態の移行に伴う特殊要因が影響したためである。それゆえ，当期剰余を見る限りでは，生保経営は全体的に改善されたといえる。

(3)　次に，健全性指標に注目しよう

それでは生保の財務内容はどうであろうか。生保危機が叫ばれるたびに生保の健全性が人々から注目されたが，2004年3月期決算で発表された関係指標を見ると，著しく改善されている。

図表4－3はそうした生保の財務力を推し量るための健全性指標として，「実質純資産」，「株式含み損益」，「ソルベンシーマージン比率」の3種類が並べられている。

どの指標も1年前に比べて数値が上昇していることが確認できる。資産と負債の差額に相当する実質純資産も，また保有株式の時価と簿価の差額である株式含み損益も，ともに急激に拡大している。

当然，保険会社の健全性を見る代表的な指標であるソルベンシーマージン比

図表4-3　主要生保の健全性指標

生保会社		実質純資産			株式含み損益			ソルベンシーマージン比率		
		2003年3月期	2004年3月期	増減額	2003年3月期	2004年3月期	増減額	2003年3月期	2004年3月期	増減額
日本生命		50,774	66,080	15,306	6,690	26,311	19,621	630	893	263
第一生命		20,616	31,029	10,413	▲1,513	10,490	12,003	543	803	260
住友生命		8,444	11,783	3,339	▲3,041	1,957	4,998	497	673	176
明治安田生命		19,519	26,877	7,358	▲521	8,282	8,803	575	747	172
朝日生命		2,363	3,498	1,135	▲2,132	▲49	2,083	360	560	200
三井生命		1,176	2,110	934	▲2,180	44	2,224	410	654	244
T&D保険グループ	大同生命	5,154	6,325	1,171	36	1,306	1,270	860	1,034	174
	太陽生命	3,412	4,519	1,107	▲629	1,069	1,698	681	863	182
富国生命		3,161	4,740	1,579	▲503	1,307	1,810	650	854	204

(注)　単位は億円・%，▲印はマイナスを意味する。

率も170～260ポイントほど上昇し，どの主要生保も安全な生保と危険な生保の分かれ目となる200％をはるかに超えている。

　もし生保が200％を下回れば，監督機関である金融庁から経営改善計画の提出や実施命令，また最悪の場合には業務停止命令が出される。それゆえ，「行政指導基準の200％」は絶えず意識される数値となっている。

　だが，破たんした千代田生命，協栄生命，東京生命は直前の決算でソルベンシーマージン比率が200％を超えていた。それにもかかわらず破たんしたため，この指標に対する信頼がまったく失われ，実質的基準は最低400％ぐらい必要であろうと，ささやかれた時期があった。

　しかし，今日の主要生保はそうした「暗黙の400％基準」を優に超えた560～1,034％の高い水準にある。そのため，ソルベンシーマージン比率を見ても安心できる。

第4章 〈2004年〉 主要生保の現状と将来戦略

第2節　どうすれば決算と実態の矛盾が説明できるのか

(1) 保有契約高ではなく，保険料収入で生保経営をとらえよう

　保有契約高のじり貧傾向が顕在化しているにもかかわらず，生保の収益性と健全性の指標は著しい改善を見せている。

　生保離れ現象が解消し，保有契約高が上向けば，収益性と健全性の改善は素直に理解できる。だが，現実は保有契約高が減り続けるなかで，好決算の数値が発表されている。なぜ，矛盾した結果が生じるのであろうか。

　ひとつの解釈として保有契約高そのものが，今日の生保経営を正確に反映する指標でなくなっていることが考えられる。

　死亡保障額の合計に相当する保有契約高は伝統的な統計データであり，死亡保障が重視された時代に有効な数字であった。だが，少子高齢化が進行する今日の経済では，そうした死亡保障よりも医療や介護といった第三分野の保険にウエイトが高まっている。

　もちろん，生保もその流れをつかんでいるので，伝統的な死亡保障商品だけでなく，第三分野の保険商品にも力点を置いていると考えられる。そうすると，生保経営の動きを正確に把握するには保有契約高だけでなく，保険料収入も見ておかなければならないことになる。

　実際，そうした動きをとらえた新指標として，「新契約年換算保険料」が一部の生保で用いられている。これは第1回保険料を年換算した指標である。例えば，月払ならば第1回保険料を12倍，半年払ならば2倍して計算する。これにより第三分野の動きもつかめる。

　だが，この新指標はまだ一般的でなく，生保ごとの正確な比較が行いにくい。そこで，主要生保が従来の死亡保障から第三分野へ移行しているかどうかを，一般的な保険料収入のデータから判断していくことにしたい。

　図表4－4は主要生保の保険料収入を示したものである。この表を見ると，すべての生保が1年前に比べて保険料収入を減らしていることがわかる。しか

図表4－4　主要生保の保険料収入の動き

		保険料等収入			
		2003年3月期	増減率	2004年3月期	増減率
日　本　生　命		54,207	▲4.4	51,428	▲5.1
第　一　生　命		35,621	▲12.0	34,209	▲4.0
住　友　生　命		26,988	▲7.9	26,970	▲0.1
明 治 安 田 生 命		34,809	▲5.3	32,967	▲5.3
朝　日　生　命		7,686	▲29.2	6,794	▲11.6
三　井　生　命		9,530	▲7.9	9,204	▲3.4
T＆D保険グループ	大同生命	9,894	▲6.6	9,282	▲6.2
	太陽生命	8,879	▲12.9	7,941	▲10.6
富　国　生　命		7,626	▲0.3	7,409	▲2.8

（注）　単位は億円・％，増減率は対前年同期比（％），▲印はマイナスを意味する。

も，マイナス傾向は連続して起きている。

　保有契約高の伸び率で見た時は主要生保のほとんどがマイナスの状態であったが，一部の生保はプラスであった。しかし，保険料収入では伸び率がプラスの生保は一社もない。

　結局，主要生保は保有契約高で見ても保険料収入から見ても，深刻な状態に置かれていることが確認できる。また，死亡保障といった第一分野の保険から医療・介護の第三分野の保険へ，ビジネス・モデルがうまく転換できていないこともわかる。

(2)　株式含み益の増大で，すべてが説明できる

　保有契約高に代えて保険料収入を用いても，保険離れ現象が否定できなかった。それでは生保の決算と実態を矛盾なく説明するにはどうすればよいであろうか。それは簡単で，株式含み益に注目すれば，すべて説明できる。

　2004年3月末の日経平均株価は1万1,715円で，1年前の2003年3月末の7,972円に比較すると，47％も上昇した。急激な株価上昇は生保が保有する株

式の含み益を大幅に押し上げ、収益性指標と健全性指標を一気に改善させたのである。

超低金利のなかで逆ざや問題に苦しむ生保にとって、株式含み益の増大は逆ざやを和らげる好材料となる。含み益の吐き出しで逆ざやを減らすことができるからだ。このことは生保の最終利益である当期剰余を高めることにもなる。

また、含み益の増大は実質純資産やソルベンシーマージン比率の引き上げにもつながる。そのため、健全性指標も同時に改善される。

結局、日経平均株価の急騰という「神風」が吹いたために、主要生保の決算が改善されただけである。したがって、経営の本質的部分は危機的状況から脱したとはいいにくい。

第3節　決算からでは生保危機の本質が見えない

(1) 内部留保の取り崩しから積み増しへ

いまだ強く記憶に残っているように、主要生保の2003年3月期決算は極めて深刻なものであった。生保危機の元凶である逆ざや問題が一向に解決されないなかで、大量の株式含み損が発生したからだ。

そのため、ほとんどの主要生保が価格変動準備金や危険準備金などの内部留保を取り崩した。これにより当期剰余をどうにか黒字にした。

2004年3月期決算はそうした昨年の決算とまったく対照的で、保有株式は含み損から大幅な含み益に転換し、価格変動準備金や危険準備金の積み増しで内部留保を高めている。

図表4－5はそうした主要生保の「2003年3月期」と「2004年3月期」の特徴を、損益計算書を通してわかりやすく表現したものである。

両年度とも利差損に苦しむ姿はまったく変わらない。だが、財務力に苦しむ生保にとって内部留保の取り崩しから積み増しへの転換は明るい材料と映ったであろう。

しかし、生保危機の本質は逆ざや問題にあり、それが解消されない限り生保

図表4－5　生保の損益計算書を通して経営の動きを見る

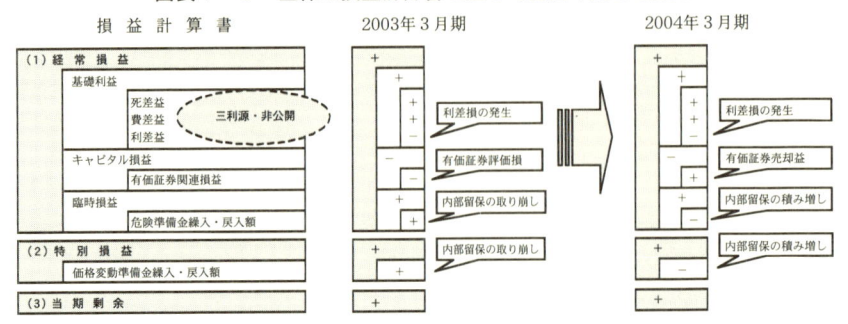

損益計算書
(1) 経常損益
　　基礎利益
　　　　死差益
　　　　費差益　三利源・非公開
　　　　利差益
　　キャピタル損益
　　　　有価証券関連損益
　　臨時損益
　　　　危険準備金繰入・戻入額
(2) 特別損益
　　　価格変動準備金繰入・戻入額
(3) 当期剰余

2003年3月期
利差損の発生
有価証券評価損
内部留保の取り崩し
内部留保の取り崩し

2004年3月期
利差損の発生
有価証券売却益
内部留保の積み増し
内部留保の積み増し

不安は消えない。それゆえ，生保経営を分析するうえで三利源を構成する利差損の大きさが一番の関心事となる。だが，それは死差益と費差益とともに，依然として非公開のままである。

(2) 三利源非公開では生保の実態が把握できない

　三利源が開示されないかわり，その合計に相当する基礎利益が発表されている。だが，それだけでは契約者を納得させることにはならないであろう。
　基礎利益が黒字であっても，利差損が死差益と費差益でどれだけ穴埋めされているのか，また黒字は3つの要因のうち，どの要素が貢献しているのか等々，契約者が知りたいことはたくさんある。だが，三利源非公開のもとではそうしたことがわからないままである。
　そもそも利差損と逆ざやは同じ意味でなければならない。それにもかかわらず，決算で発表される公表逆ざや額は本来の意味での利差損と違っている。
　図表4－5の損益計算書で描かれているように，基礎利益とキャピタル損益は別であり，逆ざやと呼ばれる数字は利差損に，有価証券売却益を加えて計算されている。
　そのことは先ほどの**図表4－2**で示された逆ざやの増減額と基礎利益の増減額が一致した動きをしていないことからも推測できる。
　つまり，死差益と費差益にそれほど大きな変化がなければ，逆ざやが減少した額だけ基礎利益は増加しなければならない。だが，基礎利益は逆ざやの減少

額ほど増えていない。

　こうして逆ざやと利差損は，業界で異なる用語として定義づけられている。そのため，逆ざや額は株式含み益を穴埋めに使えば減るが，利差損は変わらないという，奇妙な結果が生み出されている。

　したがって，毎年発表される逆ざや額だけを見ても，今日の生保経営の実態はつかめないことになる。こうした問題はすべて三利源の非公開から発生している。

第4節　生保の将来戦略

(1)　銀行窓販が生保の将来を決定づける

　日経平均株価が上昇すれば，決算も表向き，生保が復活したように見えるかもしれない。だが，超低金利状態がなくならない限り，生保が逆ざやに苦しむ姿はまったく変わらないであろう。

　とはいえ，金利の上昇だけを期待するわけにはいかない。生保がそうした困難な局面に打ち勝つには，やはり生保商品の販売を確実に伸ばしていくしか方法はないであろう。

　先ほども触れたように，伝統的な保障重視の生保商品から少子高齢化を踏まえた生保商品へ，迅速な経営転換が必要である。そうした商品戦略の転換を図りながら，同時に販売チャネルの改革もスムーズに進めていかなければならない。

　主要生保は女性営業職員による販売が中心であるが，コンサルティング型の経営を展開する外資系生保などは独自の営業路線が功を奏し，販売を伸ばしている。

　そうしたなかで生保の販売チャネルに大きな変化が起きようとしている。金融庁の指導のもとで，すべての保険商品が3年後に，銀行窓口で販売できることが固まったからである。

　主要生保は「保険商品の窓販全面解禁」に反対の考えを示したが，生保の将

来を考えれば積極的に受け入れるべきであろう。

　実際，銀行窓口による個人年金保険の販売は急激に拡大しているうえ，損保の火災保険も銀行窓口による販売が伸びている。

　銀行が預金だけでなく，あらゆる金融商品を販売するワンストップショッピングの流れに，生保は神経質になっているのかもしれない。しかし，銀行窓販は生保にとってもメリットのある販売チャネルとなる。生保はこのことを認識すべきである。

(2)　金融グループによる生損保の融合戦略

　銀行窓販は生保商品の販売を拡大するだけでなく，販売コストを削減する働きもする。営業職員のコストよりも銀行に支払う手数料のほうが小さいからだ。

　生保は逆ざや問題を克服するため，リストラなどにより経費の削減に努めている。銀行窓販はそうした経費削減に貢献する強力な販売チャネルになると思われる。

　メリットはそれだけにとどまらない。主要生保にとって大手銀行を中心とする「生損保の融合」も大きな力となるであろう。

　すでに最大手の日本生命や外資系保険会社では生損保の融合戦略を推し進めている。親密な関係にある主要生損保が大手銀行を中心に結束を強めれば，さらに強固な経営展開が繰り広げられるであろう。

　生保は深刻な逆ざや問題を克服しながらも，次の戦略を考えていかなければならない。金融グループを中心とした生損保の融合は規模拡大とともに，避けることのできない重要な将来戦略として位置づけられるように思える。

第5章

〈2005年〉

生保経営と保険行政
——行政は本当に生命保険のことを理解しているか——

第5章 〈2005年〉 生保経営と保険行政

第1節 主要生保の2005年3月期決算を見て

(1) 復活を予感させる成長性指標と収益性指標

主要生保9社の2005年3月期決算が発表された。生保経営が一時期の危機的状況に比べると，かなり改善されたことが感じられる内容となっている。

まず，主要生保の成長性と収益性をまとめた**図表5-1**から見ていくことにしよう。ここでは成長性を見る指標として保険料等収入，保有契約高が取り上げられている。保有契約高は新規契約高と解約・失効高によって決定される性質を持っているため，この2つの数値も載せている。また，収益性を見る指標

図表5-1　主要生保の成長性指標と収益性指標（2005年3月期）

主要生保		(1)保険料等収入		(2)保有契約高		(A)新規契約高		(B)解約・失効高		(3)基礎利益	
			増減率		増減率		増減率		増減率		増減率
日本生命		48,297	▲6.1	2,664,135	▲4.3	181,513	▲6.8	212,879	▲17.6	5,501	▲1.7
第一生命		35,304	3.2	1,960,033	▲3.4	141,379	▲8.0	163,022	▲16.3	4,233	7.8
明治安田生命		30,435	▲7.7	1,593,877	▲5.7	109,331	▲16.2	154,447	▲20.7	4,797	3.7
住友生命		25,856	▲4.1	1,671,522	▲5.3	106,828	▲15.9	145,941	▲19.5	2,872	1.0
三井生命		8,998	▲2.2	510,502	▲6.3	28,744	▲30.6	40,653	▲27.8	1,002	8.6
T&D	大同生命	8,848	▲4.7	396,942	1.0	43,542	1.0	30,265	▲8.8	1,027	▲4.3
	太陽生命	7,881	▲0.8	169,662	5.5	28,910	2.7	14,240	4.5	338	▲9.9
富国生命		7,317	▲1.2	370,071	▲1.4	33,211	▲11.1	23,466	▲3.8	628	13.0
朝日生命		6,258	▲7.9	564,400	▲8.9	17,557	▲49.4	50,379	▲39.1	498	▲25.5

（参考）外資系生保

アリコ		17,815	27.2	193,887	15.4	39,728	9.8	13,349	3.6	245	99.6
アフラック		9,588	7.4	76,717	12.2	13,533	13.7	5,312	3.9	949	2.6

（注1）単位は億円，▲印はマイナス，増減率は前期比（％）を表す。
（注2）保有契約高，新規契約高，解約・失効高は個人保険・個人年金保険の数値を表す。

としては基礎利益が取り上げられている。

　ここで，最初に生保の売上高に相当する保険料等収入に注目すると，残念ながらほとんどの主要生保が前の年度よりも減少し，成長性に陰りが感じられる。しかし，解約・失効高は生保危機が叫ばれた頃とまったく異なり，大幅に改善された数値が示されている。解約・失効高は契約者達が生保をどう見ているかを判断する指標であるため，この数値の改善は生保業界にとって歓迎すべきものであり，生保の復活を感じさせるものでもある。

　その一方で新規契約高が伸びないため，解約・失効高と合わさって弾き出される保有契約高は前年度と同様に伸び率がマイナスの生保のほうが目立つ状態である。保有契約高は生保の利益を左右する重要な指標であるため，この数値が減少することは三利源に相当する基礎利益も減ってしまうと思われがちである。

　しかし，決算で発表された基礎利益を見ると，それが減少している生保もあるが，増大している生保のほうが多い。それゆえ，主要生保の基礎利益は低迷が続く保険料等収入や保有契約高に比較すれば，やや好転しつつあるといえるであろう。

　そうしたなかで外資系生保が著しい成長を遂げ，その結果，主要生保の上位グループに肉薄する構図は今日の生保業界の動きを占ううえで見逃がせない特徴となっている。例えば，ＡＩＧに属するアリコジャパンの保険料等収入は伸び率が突出し，主要生保のなかで第5位に位置するほどの勢いを示している。また，アフラック（アメリカンファミリー生命）も同様に主要生保のなかに食い込む展開を見せている。

　わが国の生保は伝統的な死亡保障重視の商品を中心に販売してきた。それに対して，外資系生保は少子高齢化を背景にしながら，医療保険や介護保険といった契約者自身のための保険商品にウエイトを置いた販売を繰り広げている。そうした販売戦略の相違が保険料等収入の伸び率の差となって現れているのである。

(2) 改善した健全性指標

　生保経営の総合指標でもある保険料等収入あるいは保有契約高だけに注目すると，前の年度よりも減り続ける姿は依然として変わっていない。これにより8年間にわたって減少し続けていることになる。こうした特徴を強調すれば，主要生保は危機的状況から脱していないように見えるかもしれない。

　しかし，健全性指標をまとめた**図表5－2**を見ると，生保危機が確実に後退していることがわかる。なぜなら，どの主要生保も資産と負債の差額に相当する実質純資産は増大し，生保の健全度を直接測ったソルベンシーマージン比率も健全性の目安である200％をはるかに超えた数値で上昇しているからだ。

　もちろん，厳しい見方をすれば，実質純資産もソルベンシーマージン比率もともに国内株式を中心とした有価証券含み益の増大がそれらの数値を押し上げているにすぎないと解釈できるかもしれない。

　生保は悪化した財務状況から抜け出すため，必死の経営努力を積み重ねてき

図表5－2　主要生保の健全性指標（2005年3月期）

主要生保	健全性指標							
	(1)実質純資産		(2)ソルベンシーマージン比率		(3)有価証券含み損益		うち国内株式含み損益	
		増減額		増減		増減額		増減額
日　本　生　命	75,547	9,467	975.2	81.4	38,521	5,458	29,670	3,359
第　一　生　命	36,618	5,589	891.6	88.4	17,121	3,822	12,735	2,244
明治安田生命	32,841	5,964	890.5	142.6	15,085	4,194	11,104	2,822
住　友　生　命	13,174	1,391	763.1	89.6	4,428	1,180	2,804	846
三　井　生　命	3,073	963	663.9	9.3	932	852	572	528
T&D　大同生命	6,696	371	1,037.2	2.3	2,646	91	1,277	▲29
T&D　太陽生命	4,642	123	865.7	2.4	1,870	181	1,223	153
富　国　生　命	5,494	754	925.0	71.0	1,935	391	1,406	99
朝　日　生　命	3,845	347	570.3	10.0	42	286	141	190

（注）　単位は億円，▲印はマイナスを表す。増減額は前期増減額で，ソルベンシーマージン比率の増減は前期増減ポイントを表す。

た。その成果がいま確認した健全性指標でもって表されているものと思われる。だが，日本経済が緩慢ながらも景気回復の軌道に乗り始めたことも大きいであろう。それは日経平均株価が景気を反映し1万1,000円台を維持し，ある程度の株式含み益を生み出すことで生保の財務力を安定的な姿に変えているからである。

　しかし，実質純資産もソルベンシーマージン比率も前の年度と同様に着実に数値を高めている姿を冷静にとらえれば，そうした含み益依存の解釈よりも財務力が根本的に改善されているとみなすほうが適切であろう。実際，格付け会社のムーディーズ・インベスターズ・サービスは最近になって主要生保のうち8社の保険財務力格付けを引き上げている。

(3) 守りから攻めの経営へ転じる主要生保

　2005年3月期決算を見る限りでは，数年前のような生保危機の姿はかなり薄れたように感じられる。したがって，これからは不良債権問題を克服した大手銀行グループと同じように，守りの経営から攻めの経営に転じていかなければならない。

　そうしたなかで今後の金融サービス産業の動向を決定づけるコングロマリット化構想が金融庁によって具体的に打ち出された。行政が民間金融機関を将来の望ましい方向へ誘導しようと考えているのである。もちろん，主要生保もその流れのなかに組み込まれようとしている。

　そこで，わが国の保険行政が本当に正しい方向へ主要生保を導いてくれるのか，ここで考えていくことにしたい。その前に保険行政の真価を探る意味からも，過去に行われた保険行政について少し振り返って見ることにしよう。それは生保危機下に展開された生保の予定利率引き下げの枠組み作りである。

第5章 〈2005年〉 生保経営と保険行政

第2節　生保危機下の保険行政

(1) 予定利率引き下げを認める新制度

　まだわれわれの記憶に新しいように生保危機は1997年4月の日産生命の破たんに始まり，1999年6月の東邦生命，2000年5月の第百生命，同年8月の大正生命，同年10月の千代田生命，協栄生命，そして2001年3月の東京生命と続いた。たった4年間で合計7生保が瞬く間に消えていったことになる。

　なかでも生保不安が最高潮に達したのは2000年秋に起きた中堅生保の千代田，協栄の連続破たんの頃であろう。当時，生保危機の救済策が大物政治家によって叫ばれ，その発言をきっかけに生保の予定利率引き下げが真剣に論じられるようになった。生保危機の元凶が逆ざや問題にあるので，保険業法を改正し，予定利率を引き下げるようにすれば一気に解決できると考えたのである。

　その改正案は紆余曲折を経ながらも2003年の通常国会で成立し，予定利率引き下げが可能になった。もちろん，この目的は生保が直面する逆ざや問題を解決し，「保険契約者の保護」を図ることにあった。

　その一方で，すでに契約者を保護する手段として「更正特例法による破たん処理」があり，経営困難に陥った生保に適用できることになっていた。そのため，法案提出の理論的根拠として，予定利率引き下げのほうが過去に実施されてきた更正特例法による破たん処理よりも契約者への負担が小さいことを強調していた。

　生保を監督する金融庁はそのことを数値で明らかにするため，予定利率が政令で規定された3％まで引き下げられたケースと，破たんしたケースを取り上げ，それぞれの保険金・給付金の比較を行い，予定利率引き下げのほうが契約者保護につながることを導いていた。

　しかし，予定利率を引き下げれば大量の解約が殺到し，いずれはその生保は破たんに至ると考える人も多かった。予定利率引き下げに反対した多くの人達は基本的にそう考えていたと思われる。それならば，従来通りの破たん処理を

進めたほうが負担コストが相対的に少なく，契約者にとって有利な結果が得られるかもしれない。実際，2001年3月に破たんした東京生命の破たん処理策はそのことを裏付けた事例ともいえる。

(2) 保険行政への不信感を増幅させたショッキングな新聞記事

　結局，予定利率引き下げの枠組みに賛成するか反対するかは，契約者達が新制度の有効性にどれだけ信頼を置いているかにかかわっている。

　なぜなら，その制度の有効性を信じなければ，大量の解約が発生し，生保を破たんに追い込んでしまうからだ。いくら予定利率引き下げを実行しても，近い将来，破たんするだろうと予想する契約者が多ければ無駄な枠組みを作ったことになる。

　裏返して考えれば，予定利率引き下げの新制度を有効に機能させるには，破たんの可能性をできるだけ少なくするようにすればよい。そのためには個別生保の三利源を開示するなど情報開示に生保は一層努力しなければならない。

　それと同時に生保を監督する金融庁に対する信頼も高めていかなければならない。経営危機に陥った生保は予定利率引き下げを申請し，金融庁は契約者保護の視点から生保経営を厳格に審査する。そして，回復する見込みがある場合のみ，それを承認することになっている。

　もし金融庁に対する不信感が芽生えれば，予定利率引き下げを実施しても申請した生保は破たんしてしまうだろう。金融庁への信頼は新制度を打ち出すうえでの大前提といえる。

　ところが，その大前提を覆すショッキングな事実が「朝日新聞」(2004年8月26日号朝刊)によって公表された。金融庁が情報公開請求に応じ，旧大蔵省や金融監督庁の検査報告書を開示した結果，過去に破たんした7生保のうち，5社が破たんする1年から6年前に債務超過状態であったことが明らかにされたのである。

　しかも，破たんした7生保の経営悪化はすでにバブル崩壊直後の1992年度から始まり，この年度に7社すべてが逆ざやに陥っていた。そして，1993・94年

第5章 〈2005年〉 生保経営と保険行政

度には三利源合計額でも赤字の状態になっていたことも明らかにされた。**図表5－3・5－4**はそうした破たん生保の真実を整理したものである。

当時の監督機関は破たん生保の実態を知りながらも先送りを続け，最終的に債務超過額を膨らましてしまった。こうした契約者を裏切る保険行政の姿が知らされるにつれて，われわれは予定利率引き下げの枠組みの有効性に不安を感じざるを得ない。それと同時に保険行政に対する信頼も薄らいでいくように思われる。

図表5－3　検査結果に基づく実質自己資本の推移

（単位：億円）

破たん生保	1990年	1991年	1992年	1993年	1994年	1995年	1996年	1997年	1998年	1999年	2000年	2001年
日産生命		86				▲1,114		破たん ▲3,000				
東邦生命				▲659						破たん ▲6,500		
第百生命	4,013						880			▲543	破たん ▲3,200	
大正生命			9					▲23		▲29	破たん ▲365	
千代田生命	6,083					▲2,360				156	破たん ▲5,975	
協栄生命	1,035					192				533	破たん ▲6,895	
東京生命			2,140				209			143	破たん ▲731	

（注1）　検査結果に基づく実質自己資本を表している。▲印はマイナスを示し，この場合は債務超過額となる。
（注2）　「朝日新聞」（2004年8月28日朝刊）から引用。

図表 5 − 4　破たん 7 生保の三利源合計額の推移

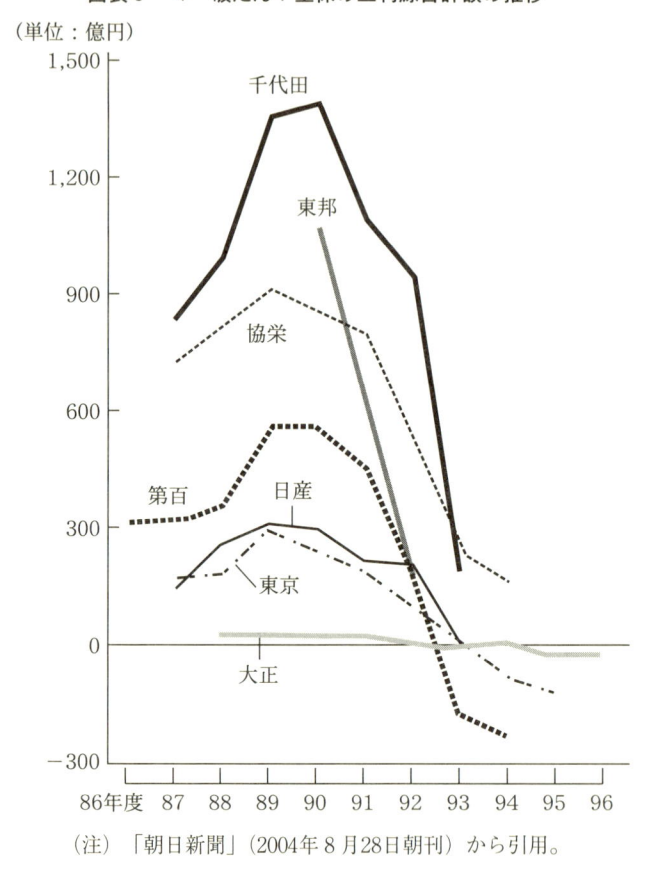

(単位：億円)

(注)　「朝日新聞」(2004年 8 月28日朝刊) から引用。

第 3 節　金融改革プログラムのなかの保険行政

(1)　保険商品の銀行窓販

2004年12月末に金融庁は「金融改革プログラム」を発表した。大手銀行をはじめとするわが国の金融機関が不良債権問題から決別し，新たに「金融サービス立国」の実現に向けて歩みだすロードマップ（道筋）が金融庁によって策定されたのである。

さらに2005年3月末には，このプログラムを実行していくうえでの具体的な実施スケジュールが書かれた「工程表」も発表された。これにより金融システムの安定から活力を目指した金融行政の転換が宣言されたことになる。
　この金融改革プログラムは大手銀行，地域金融機関，そして保険会社も対象としたもので，金融システムの中長期的な課題とともに，金融サービス産業の将来像が描かれている。
　このなかから生保に関連する部分に注目すると，これからの保険行政の姿が浮かび上がってくる。例えば，銀行窓口による保険販売について，「金融機関の製販分離や販売チャネルの拡大を容易化し，多様で良質な金融商品・サービスをどこでも便利かつタイムリーにワンストップで購入できるようにするなど，利用者の利便の向上を図る」と書かれている。
　すでに金融審議会は2004年3月に保険の銀行窓販を2007年春に全面解禁することを答申している。それに対して銀行による圧力販売を阻止するルールも慎重に組み合わせていかなければならないため，当初の予定よりも遅れ，2007年末にずれ込む恐れが出てきたようだ。
　金融改革プログラムではそうした保険商品の銀行窓販を重要な販売チャネルとして位置付けることが指摘されている。実際，銀行窓販は一部の保険商品に限定されながらも順調な実績をあげている。

(2)　将来に向けて打ち出された金融コングロマリット化構想

　金融改革プログラムで最も注目しなければならないのは，やはり，先ほども触れたように金融コングロマリットであろう。プログラムではそれに対応した金融法制の整備や，検査・監督体制の構築の必要性が明示されている。
　金融コングロマリットとは大手金融機関を対象にしたもので，金融持株会社の傘下に銀行，証券，保険がぶら下がる大規模な金融複合体をイメージしている。図表5－5はそのことを図で描いたものである。金融庁は日本の大手金融機関を世界で活躍する国際的金融コングロマリットと互角に競争できる体制を築いていこうとしている。

図表5－5　金融コングロマリット

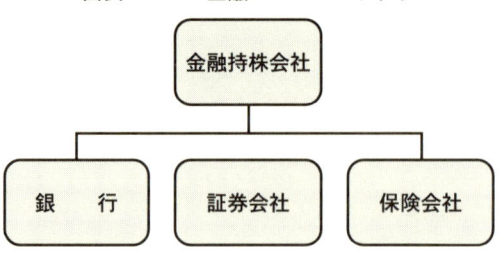

```
         ┌─────────────┐
         │  金融持株会社  │
         └──────┬──────┘
      ┌────────┼────────┐
   ┌──┴──┐  ┌──┴──┐  ┌──┴──┐
   │ 銀行 │  │証券会社│  │保険会社│
   └─────┘  └─────┘  └─────┘
```

（注）　ここでは金融コングロマリットの一形態を示したもので，そのほかにも違った形態がある。

　こうしたなかで主要生保もこの流れにしっかりと組み入れていきたいというのが，今日の保険行政の方向性のように思われる。銀行窓販はまさに主要生保にとって金融コングロマリットが形成されるための第一歩のようにも感じられる。

　確かに銀行と保険会社が提携した保険商品の窓口販売は両者に利益もたらすばかりか，それを購入する消費者の立場から見ても有益な販売方法である。その意味からも銀行窓販は全面解禁に向かって突き進んでいくべきだと思う。その点では今日の保険行政は正しい方向性を指し示している。

(3)　保険を含めた金融コングロマリット化は難しい

　しかし，生保を含めた金融コングロマリットの形成については疑問を感じざるを得ないであろう。そのことは2005年1月末に世界最大の総合金融サービス機関であるシティグループが，生命保険・年金保険部門のメットライフへの売却を発表したことからも推測できよう。

　シティグループは1998年10月に旧トラベラーズ・グループと旧シティコープが統合し，保険引き受けも兼ね備えた総合金融サービス機関となった。それにもかかわらず，保険部門を切り離さざるを得なくなったのである。

　米国では1999年の金融制度改革法（グラム・リーチ・ブライリー法）の成立により銀行や証券会社による保険引き受け業務の兼業が可能となった。だが，成功事例はほとんど聞かれない。金融コングロマリット化は保険に関してうま

第5章 〈2005年〉 生保経営と保険行政

く機能しないようである。

　その理由としていくつか指摘できるが，基本的には保険事業の収益性が銀行や証券に比較して低いことが主な理由としてあげられる。さらに細かく見ると，保険特有の複雑な性格から大きな組織のもとではシナジー効果があげにくく，コストだけが高まるため，収益性を相対的に落としているようである。

　いずれにせよ，保険を含めた金融コングロマリット化はとりわけ生命保険の特性を考えただけでも困難な構想のように感じられる。現在行われている銀行と生保の提携によるクロスセリングは成功するにしても，組織を合併・統合させる金融コングロマリット化は極めて難しい試みのように思われる。

　主要生保も大手銀行グループと同様に財務の基盤に力点を置く経営から，収益を求める攻めの経営に転じていかなければならない。そうしたなかで主要生保は金融庁が打ち出した金融コングロマリット化について真剣に検討する段階に入っている。だが，米国の事例からも推測できるように，金融コングロマリット化を銀行や証券と同じレベルで保険に適用するのは危険なことのように感じられる。

　保険行政が生命保険の特質を十分に知っていれば，予定利率引き下げの枠組み作りと同様に保険を含めた金融コングロマリット化構想も打ち出されることはなかったように思われる。

第6章

〈2006年〉

保険商品の動向と販売
――わが国生保の行方を欧米生保から読み取る――

第6章 〈2006年〉 保険商品の動向と販売

第1節　2006年3月期決算を見て

(1)　8年ぶり増収の主要生保

　主要生保9社の2006年3月期決算を見て誰もが感じることは，過去の生保危機からほぼ完全に脱したということであろう。それを最も端的に表す経営指標は保険料等収入であり，9社合計で8年ぶりの増収に転じている。しかも基礎利益も確実に上昇している。

　主要生保の回復はそうした成長性や収益性の指標だけでなく，健全性の指標からも読み取れる。例えば，有価証券含み益を見ると，どの主要生保も大幅な増額を示している。

　金利の上昇から債券の含み損も発生しているが，それを打ち消すほど株式の含み益が急拡大したうえ，外国証券の含み益も増大したため，有価証券全体の含み益が大幅に膨らんだのである。

　そのことは実質純資産やソルベンシーマージン（保険金支払い余力）比率という保険会社の代表的健全性指標を押し上げる効果を生み出している。

　とりわけ，主要生保のソルベンシーマージン比率を見る限りでは健全生保と危険生保を識別する判断基準の200％からかなり上の数値が発表されている。このことからも生保危機ははば過ぎ去ったと判断できる（**図表6－1**）。

図表6－1　主要生保の経営指標（2006年3月期）

(1) 成長性指標と収益性指標

生保会社	保険料等収入	増減率	新契約年換算保険料	増減率	基礎利益	増減率
日　　　本	48,422	0.3	2,726	6.3	6,336	15.2
第　　　一	34,003	▲3.7	1,651	▲4.4	4,694	10.9
住　　　友	30,191	16.8	2,087	29.8	2,664	▲7.2
明　治　安　田	26,732	▲12.2	829	▲33.2	4,681	▲2.4
大　　　同	8,711	▲1.5	828	1.1	961	▲6.4
太　　　陽	8,230	4.4	417	▲10.1	381	12.9
三　　　井	9,653	7.3	590	17.8	1,144	14.2
富　　　国	8,460	15.6	530	15.6	630	0.4
朝　　　日	6,238	▲0.3	374	▲0.5	560	12.3

(2) 健全性指標

生保会社	有価証券含み益	増減額	実質純資産	増減率	ソルベンシーマージン比率	増減
日　　　本	65,727	27,206	106,630	41.1	1,257.9	282.7
第　　　一	31,340	14,219	53,081	45.0	1,095.5	203.9
住　　　友	8,646	4,218	20,244	53.7	949.6	186.5
明　治　安　田	28,618	13,533	48,866	48.8	1,179.9	289.4
大　　　同	5,877	3,231	10,623	58.6	1,254.4	217.2
太　　　陽	4,666	2,796	7,575	63.2	1,045.2	179.5
三　　　井	2,857	1,925	5,738	86.7	744.3	80.4
富　　　国	3,875	1,940	8,208	49.4	1,139.6	214.6
朝　　　日	1,933	1,891	5,491	42.8	670.2	99.9

(注)　単位は億円，％。増減率・増減額・増減は前年同期比の増減率・増減額・増減（ポイント）を示す。▲印はマイナスを表す。

(2) 急成長から安定成長に転じる外資系生保

　国内で活躍する外資系生保15社も保険料等収入が拡大し，全体で8％ほど増えている。基礎利益も増大しているうえ，ソルベンシーマージン比率は1,000％前後がほとんどである。これらの指標を見ている限り，外資系生保は攻めも守りも万全といえる（**図表6－2**）。

第6章 〈2006年〉 保険商品の動向と販売

図表6-2 外資系生保の経営指標（2006年3月期）

生 保 会 社	保険料等収入		基 礎 利 益		ソルベンシーマージン比率	
		増減率		増減率		増　減
ア　　リ　　コ	14,582	▲18.2	515	109.9	1,005.9	67.8
ハートフォード	13,875	13.3	75	99.0	1,430.5	▲344.2
ア フ ラ ッ ク	10,250	6.9	1,087	14.5	1,100.7	▲44.2
マ ニ ュ ラ イ フ	9,448	46.4	86	721.0	1,429.3	455.9
ア イ エ ヌ ジ ー	8,866	6.1	217	205.6	1,520.7	134.9
ア　　ク　　サ	6,996	10.0	775	▲1.0	1,121.0	▲86.2
ジ ブ ラ ル タ	4,163	25.8	612	5.7	1,110.6	▲51.8
プルデンシャル	3,979	22.5	361	520.1	969.2	58.5
ＡＩＧエジソン	3,525	▲14.1	478	19.6	1,025.3	▲0.8
ＡＩＧスター	3,264	25.9	426	▲13.1	1,464.4	157.3
マスミューチュアル	1,442	59.7	▲69	—	457.1	▲120.1
ウインタートウル	893	43.3	▲3	—	808.6	▲617.4
ピーシーエー	196	▲3.5	▲24	—	2,034.2	▲266.9
カ ー デ ィ フ	78	76.1	32	84.6	576.4	▲67.8
チューリッヒ・ライフ	73	2.5	4	▲20.7	1,858.3	▲506.8

（注） 単位は億円，％。増減率・増減は前年同期比の増減率・増減（ポイント）を示す。▲印はマイナスを表す。

　また，外資系生保の生保業界における位置付けも過去の姿から様変わりし，その存在感が次第に高まっている。例えば，アリコそしてアフラックは保険料等収入で主要生保第4位の明治安田生命に次ぐ位置を占めるようになっている。

　ただ，外資系生保の保険料等収入の伸び率がかつてほどの勢いを失いつつあることも事実であり，急成長から安定成長に転じている。それは急伸した反動とも解釈できるかもしれない。

　だが，それよりも外資が得意とする医療保険や個人年金保険の分野に国内の主要生保が攻勢をかけている影響のほうが強いように見える。その結果，外資系生保の保険料等収入が鈍化する一方で，主要生保が伸びる構図を展開していると分析できる。

　アクサは2005年10月にグループ生保二社を合併させ，外資系最大手のＡＩＧグループは近いうちにＡＩＧスター生命とＡＩＧエジソン生命の合併を進める

ようである。

こうした動きは主要生保の攻勢に刺激を受けながら，経営効率を高めるとともに一層の顧客獲得を目指したものと解釈できる。

第2節　生保による三利源の開示

(1)　保険金不払いを阻止する外部チェック機能

確かに決算の数字を見る限りでは生保業界にとって好ましい材料が次々と現れている。だが，過去1年間の生保経営を振り返ってみると，好ましくない事件も発生した。

それは明治安田生命による不適切な保険金不払い問題であり，新たな生保不信をもたらした。契約者に十分な認識をさせずに保険契約を結び，告知違反を理由に保険金の支払いを拒否した事件である。

しかも，それは2005年2月に金融庁から業務停止処分を受けたにもかかわらず，同年7月に千件もの保険金不払いがあることが判明した。保険業の根幹を揺るがす性格の事件でもあったため，生保破たんとはまったく違った意味での生保不信を生み出してしまった。

さらに信じられないことに，そうした問題の背景として死差益を拡大させて利益を伸ばす誤った経営戦略が浮かび上がった。予定死亡率と実際の死亡率の差である死差益は，本来，生保会社にとってコントロール不可能なものである。それを会社にとって都合のよい数値に誘導する経営が展開されていたとするならば，契約者を完全に裏切ったことになる。

死差益（実際の死亡率と予定死亡率の差），費差益（実際の事業費と予定事業費の差），利差益（実際の運用利回りと予定利率の差）の三利源を開示していれば，こうした問題を回避できたであろう。

簡易保険，ＪＡ共済などはすでに三利源を公表しているが，生保はそれを頑なに拒んできた。そのことが不適切な保険金不払い問題を引き起こす温床となっていたと考えられる。

第6章 〈2006年〉 保険商品の動向と販売

図表6－3 主要生保7社と外資系生保1社の三利源（2006年3月期と2005年3月期）

生保会社	基礎利益		死差損益		利差損益		費差損益	
	2006年度3月期	2005年度3月期	2006年度3月期	2005年度3月期	2006年度3月期	2005年度3月期	2006年度3月期	2005年度3月期
日　　　本	6,336	5,501	5,800	5,700	▲1,500	▲2,700	2,100	2,500
第　　　一	4,694	4,233	4,356	4,290	▲1,220	▲1,810	1,559	1,752
住　　　友	2,664	2,872	3,550	3,422	▲1,711	▲1,897	853	1,320
明　治　安　田	4,681	4,797	3,967	4,152	▲1,069	▲991	1,783	1,636
三　　　井	1,144	1,002	1,140	1,115	▲326	▲513	331	400
富　　　国	630	628	775	785	▲330	▲369	185	212
朝　　　日	560	498	1,025	1,017	▲858	▲928	393	409
アフラック	1,087	949	941	872	59	▲39	86	115

（注）　単位：億円。▲印はマイナスを示す。基礎利益は死差損益，利差損益，費差損益の合計に相当する。

そうした反省から明治安田生命はついに2006年3月期決算から利益の内訳に相当する三利源の開示に踏み切ることを決断した。これにより保険金不払いの外部チェック機能が働きやすくなると期待されている。

しかも，この動きは一社だけにとどまらず，大手生保の第一生命をはじめとして次々と開示に踏み切る生保が出現した。最終的に主要生保7社（日本，第一．住友，明治安田，三井，富国，朝日）と外資系生保1社（アフラック）の，合計8生保が開示に踏み切った（**図表6－3**）。

(2)　逆ざやリスクを回避する機能

三利源の開示は不適切な保険金不払いを阻止するための機能を果たすと思われる。だが，それよりも逆ざやによる生保破たんを回避する手段として機能するほうがむしろ重要であろう。

まだ記憶に新しいように1997年から2001年にかけて7生保が次々と破たんしていった。それは実際の運用利回りが予定利率を下回る逆ざやが原因で消えていった。

もちろん，利差損である逆ざやを死差益と費差益でカバーできれば破たんし

ないが，当時は三利源を開示していなかったために，契約者達はそうした状況を正確に把握できなかった。そのため，三利源の合計が赤字でも経営を続け，さらに大幅な債務超過状態を生み出し，最終的に破たんのツケを契約者に転嫁することになってしまった。

もし三利源が当時から公表されていれば生保の財務内容が外部から見ても明らかになり，逆ざや問題が深刻になる前に何らかの手段が打ち出され，破たんという悲劇的な結末を迎えなくても済んだように思える。

そうした意味からも三利源の開示に踏み切った意義は，今後の生保業界にとって極めて大きいといえる。

三利源の開示は生保経営の透明性を高めることで，保険金不払いによる死差益の拡大といった誤った経営目標を阻止できるだけでなく，逆ざや等の運用に関連する諸問題を早期に是正する機能も果たす。

このことは生保業界の健全な発展を遂げるうえで必要不可欠な要件になる。とりわけ，生保商品の売れ筋が徐々に保障型商品から貯蓄型商品にシフトしつつある状況下，時間の経過とともに三利源の開示はその重要性を高めていくものと思われる。

保障型商品ばかりならば運用にそれほどウエイトを置く必要はない。しかし，貯蓄型商品ならば契約者たちは運用の成果に極めて敏感になる。特に，運用の保証利回りである予定利率に関心が高まるであろう。

その時，高い予定利率を設定するあまり，逆ざやを生み出す恐れがでてくる。三利源の開示はそうした逆ざやリスクをある程度，事前に防ぐ機能を果たすと期待される。

そこで，次に貯蓄型商品の代表でもある個人年金保険に注目しながら，生保商品ならびに販売チャネルの変化について考えていくことにしたい。

第3節　販売増をもたらす生保商品

(1) 第三分野の保険

　最近の生保商品で急拡大しているのは，まず第1に医療・がん保険に代表される第三分野の保険商品であろう。人の生死を扱う第一分野，モノの損害を扱う第二分野に続く保険商品で，入院や手術などに対して給付金が支払われる保険である。

　この種の保険は過去に外資系生保と中小生保に限定した販売が行われていたが，2001年以降に大手生損保も参加できるようになったため，今日では保険業界全体で販売が急速に伸びている。しかし，それだけが第三分野の保険の急拡大を説明する要因ではないであろう。

　単身者の増加といった社会構造の変化もそのニーズを高めていると解釈できる。それと同時に医療技術の発達から「長生きリスク」（longevity risk）を人々が感じるようになったことも大きいように思える。

(2) 拡大傾向にある個人年金保険

　長生きリスクを反映した生保商品は医療・がん保険といった第三分野の保険が挙げられるが，それよりも個人年金保険のほうがその色彩が強いであろう。

　実際，最近の生保商品の販売動向を見ると，個人年金保険が急増し，保険料等収入の伸び率を支える大きな要因になっている。それは長い老後に備えるための貯蓄手段として選択されているからである。

　個人年金保険は将来の保険金の受取総額が確定している定額年金と，運用の成果によって変動する変額年金の2種類に分けられるが，このうち変額年金が個人年金保険全体を引っ張る構図を展開している。

　変額年金の売れ行きが好調な理由は短期的に見れば，堅調な株式市場にある。そのことは日経平均株価の大幅な上昇につれて変額年金が伸びていることからも確認できる。

だが，変額年金の伸びを支えているのは単に株式相場の上昇といった運用環境だけではない。それは銀行窓口販売が段階的に進められていることも影響していると思われる。

その動きを追うと，2001年4月に住宅ローン関連の信用生命保険などの販売が銀行に解禁され，2002年10月には個人年金保険などの販売も解禁されている。さらに2007年に向けて保険商品の銀行窓口販売による全面解禁の方向性も打ち出されている。

今日の生保業界は家族のための保障型保険から自分自身のための貯蓄型保険へウエイトを高めていくことが必至であり，とりわけ公的年金の代替的金融商品でもある個人年金保険にますます注目が集まっていくと思われる。

それとともに個人年金保険を促進させていくうえで，銀行窓口販売が今後も伸びていくかについても関心のあるテーマとなりつつある。

一般に生保商品は営業職員による販売が最も馴染むチャネルとして根強く考えられている。そうした生保特有の販売チャネルに関する命題を覆すようなことが起きるのだろうか。

そこで，次に欧米生保の実状を見ながら，わが国生保業界の行方を占っていくことにしたい。なお，図表6－4はアメリカ，イギリス，フランス，ドイツの生保販売チャネルを整理したものである。この表を参考にしながら各国の特徴を見ていくことにしよう。

第6章 〈2006年〉 保険商品の動向と販売

図表6－4　主要4カ国の生保販売チャネル

(1) アメリカの新契約保険料の販売別構成比
　(A) 個人保険

	専属営業職員	PPGA等	ブローカー	銀行等	ダイレクト	合計
1993年	55	15	28	0	2	100
2001年	43	22	32	1	2	100

　(B) 個人年金

	専属営業職員	PPGA等	ブローカー	銀行等	ダイレクト	合計
1999年	24	17	32	15	7	95
2003年	19	19	18	23	7	86

(2) イギリスの新契約保険料の販売別構成比
　(A) 個人保険

	ＩＦＡ	専業チャネル	ダイレクト	その他	合計
1999年	50.5	45.8	2.9	0.8	100
2003年	50.1	36	7.5	6.4	100

　(B) 個人年金

	ＩＦＡ	専業チャネル	ダイレクト	その他	合計
1999年	60.7	37.2	0.5	1.6	100
2003年	79	17	3	1	100

(3) フランスの収入保険料の販売別構成比

	銀行等金融機関	専属営業職員	ブローカー乗合代理店	会社使用人	その他	合計
1993年	51	15	7	22	5	100
2002年	61	8	9	16	6	100

(4) ドイツの収入保険料の販売別構成比

	専属営業職員	ブローカー乗合代理店	銀行	ダイレクト	その他	合計
2000年	54	16	19	4	7	100

（注）　単位：％。資料：久保英也「「マクロ保障倍率」による生命保険市場分析と販売チャネルの将来展望－市場，チャネルの国際比較から日本への示唆－」（『保険学雑誌』第588号，2005年3月）から販売チャネルの箇所だけ抜粋し，整理している。

第4節　欧米の生保商品と販売チャネルの特徴

(1)　主要4カ国の特徴
①　アメリカの生保

まず，アメリカの主要な生保商品はわが国と同様に伝統的生保商品である終身保険が占めている。そのほかに保障と貯蓄が分離したユニバーサル保険や変額ユニバーサルも順調に伸びている。これらの商品は貯蓄の側面を重視しながらも，保障機能を追求した商品といえる。

これらの商品の販売チャネルを見ると，個人保険であれ個人年金であれ，専属営業職員が中心となっている。そのほかにブローカーやPPGA（個人総代理店）も無視できない存在である。また，個人年金といった貯蓄型商品は銀行窓口販売のウエイトが高いことが特徴としてとらえられる。

②　イギリスの生保

次にヨーロッパの国々に目を向けると，イギリスの生保商品はわが国と異なり，保障機能よりも貯蓄機能を重視する傾向にある。

それはファンド選択型変額保険のユニットリンク保険や，保証利回りと配当がついたウイズプロフィット保険であり，しかも回払いでなく一時払いが中心になっている。また，イギリスの生保商品は死亡保険金よりも生存保険金のほうが大きい点でもわが国と著しく異なっている。

販売チャネルはイギリス独特のIFA（独立系ファイナンシャル・アドバイザー）が中心となり，営業職員による販売チャネルがそれに続いているが，銀行窓口販売はそれほど大きな位置を占めていない。

③　フランスの生保

フランスの生保商品は同じヨーロッパでもイギリスの生保商品と類似した点と相違した点を併せ持っている。フランスの主要な生保商品は養老保険であり，圧倒的な割合を占めている。しかも，その養老保険はイギリスの生保商品と似て，満期保険金のほうが死亡保険金よりも大きいように設計されている。

だが，販売チャネルはイギリスと違って，銀行をはじめとする金融機関窓口販売が中心的な役割を担っている。このことはフランスがバンカシュランス（銀行と保険の融合）で成功した国であることからも理解できるであろう。

④　ドイツの生保

次にドイツの生保商品について見ると，商品はフランス生保と同じように養老保険が中心となり，死亡保険金と満期保険金のさまざまな組み合わせが可能になっている。

そうしたドイツ生保の販売チャネルは専属営業職員が中心となっている。また，銀行窓口販売も着実に上昇する傾向にある。このことはドイツ最大手生保のアリアンツが2001年にドレスナー銀行を買収し，銀行窓口を通じた生保商品の販売を行っていることからもわかるだろう。だが，この販売チャネルは専属営業職員の割合に比べればまだ低いといえる。

(2) 生保商品と販売チャネルの関係

主要4カ国の生保について商品と販売チャネルの側面から特徴を見てきたが，そのことをわが国生保も加えて整理すると，**図表6－5**のようにまとめられる。

図表6－5　日本と主要4カ国の生保商品と販売チャネルの関係

生保商品			販売チャネル		
			専属営業職員	ブローカー・代理店・IFA等	銀行等金融機関
保障型		日　本	◎	×	△（個人年金）
		アメリカ	◎	○	△（個人年金）
貯蓄型		イギリス	○	◎	△
		フランス	△	○	◎
		ドイツ	◎	△	△

（注）　記号の意味は次の通りである。◎＝主要な販売チャネル，○＝中間的な販売チャネル，△＝無視できない販売チャネル，×＝極めて小さな販売チャネル。そのウエイトの関係は，◎＞○＞△＞×となる。

ここでは縦軸に生保商品の種類が置かれ，上段に保障型商品，下段に貯蓄型商品が並べられている。横軸は販売チャネルであり，そこには専属営業職員，ブローカー・代理店・ＩＦＡ，銀行等金融機関の３種類が示されている。

まず，わが国生保は主力商品が定期付き終身保険などに代表される保障型商品であり，それを女性中心の専属営業職員が販売するスタイルを取っている。個人年金の銀行窓口販売が好調であるが，全体に占める割合は相対的に低い。

アメリカの生保商品はわが国に比べれば貯蓄型商品の要素が強いが，全体的には保障型商品が主流で，販売チャネルも日本と同じ専属営業職員が中心となっている。そのため図で描くと，日本とほぼ同じ位置にある。

それに対してヨーロッパの３カ国の生保は，すべてが貯蓄型商品である点で共通している。しかし，それを販売するチャネルは国によって違っている。イギリスはＩＦＡ，フランスは銀行等金融機関，ドイツは専属営業職員が主要な販売チャネルとなっている。

貯蓄型商品については特定の販売チャネルに絞れないというのが，ヨーロッパ生保から得られたファクト・ファインディングである。図ではそのことをわかりやすく描いている。

第５節　わが国生保業界の行方
　　　──アメリカ型からヨーロッパ型へ──

わが国の生保業界は伝統的な保障型商品から徐々に貯蓄型商品へウエイトを高めていくと考えられる。その背景として成熟した経済や共働き世代の増加といったライフスタイルの変化も指摘できるが，その動きを決定づける重要な要因はやはり少子高齢化であろう。

ヨーロッパの国々は日本よりも早い段階から少子高齢化問題に直面していた。そのことが生保商品にも反映され，公的年金の代替的金融商品として貯蓄型商品が主力商品として販売されてきたと思われる。

こうして見ていくと，わが国生保商品の方向性もある程度はっきりした形で

第6章 〈2006年〉 保険商品の動向と販売

表れてくるように感じられる。つまり，現在の保障重視のアメリカ型からいずれ典型的な貯蓄重視のヨーロッパ型へシフトせざるを得ないことが確認できる。

しかし，販売チャネルについてはなかなか方向性が見えてこない。なぜなら，伝統的な保障型商品ならば営業職員による販売チャネルが最も馴染む方法かもしれないが，貯蓄型商品の場合は必ずしもそれが当てはまるとは限らないからである。

それはヨーロッパのどの生保も共通して貯蓄型商品を販売するにもかかわらず，主要な販売チャネルは国によって異なっていたことからも理解できる。

だが，いずれの国の生保であれ，カスタマー・リレーションシップ・マネジメント（CRM）に従って，顧客を満足させるのに最も適切な販売チャネルを選択しているのは事実であろう。それが国によって専属営業職員であったり，IFAであったり，あるいは銀行窓口になっているだけである。

わが国生保の販売チャネルが将来も専属営業職員に主軸を置いたものであり続けるのか，あるいは銀行窓口販売に大きくシフトしていくのかは現時点においてわからない。

ただ，確実にいえることは顧客を満足させるだけのライフプランを長期的視点から丁寧にわかりやすく提供できる販売チャネルだけが残るということであろう。

第7章

〈2007年〉

生保商品と金融商品の競合を促す最近の動き
―― 銀行窓販の全面解禁と年金化の浸透 ――

第7章 〈2007年〉 生保商品と金融商品の競合を促す最近の動き

第1節　最近の生保商品の動き

(1)　過去の動き——2004年3月期決算～2006年3月期決算を見て

　生保業界の2007年3月期決算が発表された。その特徴を見ると，過去の流れと若干違った点が見出される。そのことをこれから指摘する前に，それ以前の動きについて最初に説明したほうがよいであろう。

　そこで，まず始めに2004年3月期から2006年3月期を対象に，生保商品の販売動向から見ていくことにしよう。**図表7－1**は全生保を対象に3年間における個人保険・個人年金の新契約の推移をとらえたものであり，件数と金額，そして増減率が示されている。

図表7－1　個人保険・個人年金の新契約の推移
——2004年3月期～2006年3月期——

	個　人　保　険				個　人　年　金			
	件　数		金　額		件　数		金　額	
		増減率		増減率		増減率		増減率
2004年3月期	1,316	▲4.8	1,013,811	▲16.0	111	48.4	51,998	52.6
2005年3月期	1,259	▲4.4	911,592	▲10.1	136	22.9	74,672	43.6
2006年3月期	1,220	▲3.1	807,534	▲11.4	154	13.0	86,216	15.5

（注1）　単位．万件，％，億円。生命保険協会加盟の全生保を対象とする。
（注2）　資料：『2006年版生命保険の動向』（生命保険協会）

　これを見るとわかるように個人保険が減少するなかで，個人年金が上昇傾向にある。特に2002年10月に個人年金の銀行窓販が解禁された影響が2003年度の個人年金の高い伸び率となって顕著に表れていることが確認できる。その後の伸び率も銀行窓販がかなり影響していると思われる。

　次にそれぞれを構成する保険種類の動きを追ってみよう。**図表7－2**は個人保険の種類別新契約の動きを件数に絞りながら，同じ期間にわたって見たものである。これによると，定期付終身保険など伝統的死亡保障型生保商品はあまり大きなウエイトを占めていない。この動きが個人保険の減少傾向をもたらし

図表7−2　個人保険・種類別新契約の推移
――2004年3月期〜2006年3月期――

	終身保険		定期付終身保険		利付変動型積立終身保険		定期保険		変額保険	
	件数	構成比	件数	構成比	件数	構成比	件数	構成比	件数	構成比
2004年3月期	118	11.4	69	6.7	98	9.5	173	16.7	13	1.3
2005年3月期	118	11.4	43	4.3	99	9.9	158	15.8	14	1.5
2006年3月期	133	13.5	42	4.3	80	8.2	144	14.6	7	0.8

	養老保険		医療保険		ガン保険		こども保険		その他	
	件数	構成比	件数	構成比	件数	構成比	件数	構成比	件数	構成比
2004年3月期	52	5.1	280	27.1	110	10.7	25	2.5	95	9.2
2005年3月期	52	5.3	280	27.9	96	9.6	28	2.8	111	11.1
2006年3月期	47	4.8	302	30.5	103	10.4	30	3.1	96	9.8

（注1）　単位：万件，％。生命保険協会加盟の全生保を対象とする。
（注2）　資料：『2006年版生命保険の動向』（生命保険協会）

ていることがわかる。

　それに対して医療保険やガン保険といった自分自身のための生保商品が伝統的生保商品に代わって伸びている。まさに少子高齢化による社会構造の変化がそのまま生保商品の販売実績の変化として反映されている。

　このことは**図表7−3**の個人年金の種類別新契約の動きを見ることからも確認できる。ここでは変額年金保険と定額年金保険に分けながら3年間の件数を追っているが，年々，変額年金保険のウエイトが高まる傾向にある。

図表7−3　個人年金・種類別新契約の推移
――2004年3月期〜2006年3月期――

	変額年金保険		定額年金保険	
	件数	構成比	件数	構成比
2004年3月期	27	24.7	83	75.3
2005年3月期	42	31.2	94	68.8
2006年3月期	69	45.0	85	55.0

（注1）　単位：万件，％。生命保険協会加盟の全生保を対象とする。
（注2）　資料：『2006年版生命保険の動向』（生命保険協会）

第7章 〈2007年〉 生保商品と金融商品の競合を促す最近の動き

わが国経済が人口減少時代に突入し,かつてのような高い経済成長率が望めないなかで少子高齢化がさらに進めば,公的年金が約束通りに給付してくれるかどうか不安になる。

公的年金が人口問題に密接に関係する賦課式の性格を持つ限り,積立型の民間個人年金に関心を持たざるを得なくなっている。

しかも,変額個人年金の高まりはリスクを冒してでも将来の資金を増やしたい個人が確実に増えていることを意味している。

このように2004年3月期から2006年3月期の生保業界の動きを見ていくと,伝統的商品の低迷を医療保険やガン保険といった第三分野の保険と個人年金がそれを支える構図が読み取れる。

その背景は日本が少子高齢化社会を本格的に迎え,人々の生保商品に対するニーズが「家族のための保険」から「自分自身のための保険」にシフトしていることが大きな要因として挙げられる。

(2) 2007年3月期決算を見て

それでは発表されたばかりの2007年3月期決算でも同じような傾向が見られたであろうか。少子高齢化の流れは弱まることはないので,生保商品の流れも変わらないと誰もが思うであろう。

確かに伝統的死亡保障型生保商品は相変わらず減少傾向を繰り返しているので従来のパターンと変わらない。だが,それをカバーするための成長商品とみなされてきた第三分野の保険と個人年金は前の年度までの動きと違い,ともに減少傾向が見られる。特に第三分野の保険の落ち込みは大きい。

そこで,早速,生保業界の2007年3月期決算を見てみることにしよう。**図表7－4**は主要生保9社と外資系3社の成長力として保険料等収入と新契約年換算保険料が並べられている。これを見るとわかるように全体的に保険料収入が前の年度に比べて減少していることが確認できる。2年ぶりの減収である。

それは伝統的商品が売れなくなっているだけでなく,いままで成長力を支えてきた第三分野の保険が振るわなくなったためでもある。それは**図表7－4**で

図表7-4　主要生保9社と外資系3社の成長力──2007年3月期──

	保険料等収入		新契約年換算保険料		内訳		
		増減率		増減率		第三分野	増減率
日　　　　本	48,543	0.2	2,726	0.0		502	▲15.8
第　　　　一	32,937	▲3.1	1,661	0.6		513	▲12.5
住　　　　友	29,344	▲2.8	1,956	▲6.2		563	▲12.9
明　治　安　田	25,702	▲3.9	1,018	22.8		299	▲2.1
大　　　　同	8,652	▲0.7	834	0.7		38	▲0.6
三　　　　井	8,134	▲15.7	454	▲23.1		143	11.3
富　　　　国	7,219	▲14.7	375	▲29.2		94	▲10.7
太　　　　陽	7,055	▲14.3	366	▲12.3		131	▲7.9
朝　　　　日	6,002	▲3.8	394	5.1		198	▲2.3
ア　リ　コ	14,902	2.2	1,683	▲16.9		444	▲22.1
アフラック	10,691	4.3	926	▲12.4		688	▲13.4
ア　ク　サ	6,565	▲6.2	639	▲14.9		216	▲34.0

（注）　単位は億円，増減率は前年同期比（％），▲はマイナスを示す。

新契約年換算保険料の内訳として第三分野の保険料が多くの生保で大きく低迷していることからも確認できる。

　この種の保険の落ち込みは保険金不払い問題がかなり影響している。この問題は特約を中心に，手術，入院，ガンなど三大疾病に対する医療保険で発生し，全生保が調査した結果，2007年4月中旬時点で約44万件の不払いが報告されている。さらに調査未了の保険契約もたくさん残っているのが現状である。

　生保は低迷する伝統的商品を補うために入院や通院を組み込んだ特約を次々に生み出し，保険料収入の落ち込みをカバーしようとした。だが，あまりにも商品内容が複雑になり過ぎたために生保も顧客も理解できず，大量の不払いが発生してしまったのである。

　不払い問題は1990年代後半に起きた逆ざや問題とはまったく違った意味で新たな生保不信を生み出し，その結果が保険料収入のマイナス現象を生み出した。

　だが，今回の決算ではそうしたマイナス材料が発表される一方で，好材料も見出された。それは収益力の高まりであり，多くの生保で基礎利益が伸びてい

第 7 章 〈2007年〉 生保商品と金融商品の競合を促す最近の動き

る。

　図表 7 － 5 は基礎利益とそれを構成する三利源（死差損益・利差損益・費差損益）を示したものである。これを見ると，ほとんどの生保で基礎利益が伸びているのは利差損益が前の年度に比べて改善したためであることがわかる。

図表 7 － 5　主要生保 9 社と外資系 3 社の収益力──2007年 3 月期──

	基礎利益	増減率	三　利　源					
			①死差損益	前年実績	②利差損益	前年実績	③費差損益	前年実績
日　　　本	7,300	15.2	5,900	5,800	▲300	▲1,500	1,700	2,100
第　　　一	4,978	6.0	4,231	4,356	▲426	▲1,220	1,173	1,559
住　　　友	3,028	13.6	3,571	3,550	▲1,308	▲1,711	769	853
明 治 安 田	4,582	▲2.1	4,054	3,967	▲833	▲1,069	1,362	1,783
大　　　同	1,257	30.9	─	─	83	▲293	─	─
三　　　井	919	▲19.7	1,098	1,140	▲390	▲326	211	331
富　　　国	770	22.3	770	775	▲170	▲330	170	185
太　　　陽	539	41.3	─	─	▲246	▲385	─	─
朝　　　日	480	▲14.1	1,049	1,025	▲866	▲858	298	393
ア　リ　コ	938	82.2	─	─	─	─	─	─
アフラック	1,336	22.9	1,101	941	121	59	113	86
ア　ク　サ	688	▲11.3	─	─	─	─	─	─

（注）　単位は億円，増減率は前年同期比（％），▲はマイナス，─は非開示を示す。

　日本経済の回復とともに保有株式の配当収入も拡大し，またゼロ金利政策の解除からわずかながらも金利が上昇し，生保の逆ざや額が縮小したのである。

　実際，死差損益と費差損益を見ると，前の年度とそれほど変わっていない生保のほうが多い。したがって，収益力の向上は生保業界自身の経営努力というよりも日本経済の資産運用環境が好転したためといえる。

　こうしたことから単純に収益力が上向いたからといって経営そのものが改善したとはいえない。むしろ保険料収入の減少といった成長力の陰りに注意を払うべきであろう。

(3) 必要な経営戦略の転換

　保険料収入伸び率がマイナスに転じた大きな要因として，成長商品として期待された第三分野の保険の失速があげられる。直接のきっかけを与えたのは保険金不払い問題であり，生保業界に深刻な打撃を与えた事件でもある。そこで，この問題が生保業界に何を訴えかけたかを考えてみることにしたい。

　生保業界は長期低迷状態に陥った伝統的商品を補う手段として，第三分野の保険と個人年金に力を注いできた。確かにこの２種類の生保商品が十分な役割を果たせば，生保業界は成長を続けていくことができる。

　だが，本当にこの戦略は正しいであろうか。生命保険は人の生死を扱う保険であり，被保険者の生死は客観的に誰もが判断できるものである。しかしながら，医療保険など第三分野の保険はそうした単純な生保商品とまったく異なる性格を持つため，支払い段階で困難さを伴う。それにもかかわらず，多くの医療保険やガン保険を積極的に販売する経営戦略を取り続けてきた。

　結局，保険金不払い問題は生保業界の経営戦略に警鐘を鳴らした事件とみなすことができる。すなわち，伝統的商品の落ち込みをカバーする手段として医療保険など第三分野の保険に過度に依存すべきでないことを教えてくれた事件と解釈できる。

　やはり，少子高齢化社会のなかで伸びていく商品は個人年金であろう。今回の決算では個人年金の銀行窓販も保険金不払い問題の影響を受け，販売が落ち込んでいる。銀行が法令順守の立場からかなり慎重になったようである。

　しかしながら，その落ち込みは第三分野の保険ほどではない。個人年金はこれから伸びていく生保商品であり，そのニーズは時間の経過とともに高まっていくと考えられる。

　こうして見ていくと，保険金不払い問題は生保業界に経営戦略を見直すよいきっかけを与えたように感じられる。伝統的商品の落ち込みを第三分野の保険と個人年金の２つで埋め合わせていくのではなく，これからは個人年金にウエイトを置くべきことを暗示しているように思える。これが保険金不払い問題が生保業界に送りつけたメッセージといえる。

第7章 〈2007年〉 生保商品と金融商品の競合を促す最近の動き

そこで，これから生保の貯蓄性商品である個人年金に絞りながら，銀行窓販の全面解禁，年金化，そして郵政民営化の影響について考えていきたい。

第2節　年金化がもたらす効果

(1)　生保商品と金融商品の競合を促す銀行窓販の全面解禁

　生保関係者が注目する当面の関心事として，2007年末に予定されている「銀行窓販の全面解禁」があげられる。従来の個人年金や一時払い終身保険のほかに伝統的死亡保障型生保商品なども銀行窓口で販売されるようになる。

　主要生保会社のなかにはその動きに機敏に反応するかのように銀行窓販専門の生保子会社を新たに設立したり，あるいは別の生保会社を取得し銀行窓販向けの生保子会社として運営する方針を鮮明にしているところも現れている。

　生保商品は営業職員による販売チャネルが中心となっているが，銀行窓口による販売チャネルも無視できない存在となっている。そうした流れのなかで銀行窓販の全面解禁が実施されれば，その勢いはさらに強まるように思われる。

　特に窓販が開始された当初から馴染みがある個人年金は，銀行窓口で販売されている定期預金や投資信託などの金融商品と競合関係にあることから，ますます魅力を高めていくであろう。

　しかも，日本が本格的な少子高齢化社会に突入し，公的年金制度の脆弱性が明確に指摘されるにつれ，個人年金を含めた貯蓄性商品の重要性が認識されていくと思われる。

　その手段を提供する銀行窓販は生保の販売チャネルとして極めて重要な位置を占めるとともに，いままで関心の薄かった人々からも注目が集まっていくと思われる。

　銀行窓販の拡充は少子高齢化を経済的背景にしながら，生保商品と金融商品の競合を強める要因になることは確かである。さまざまな金融商品が銀行窓口で並べられ，好みにあった金融商品が選択できれば，いままで以上に豊かな老後を過ごすことができるからである。

しかし，両者の競合は銀行窓販といった制度的な要因だけでなく，老後の資産運用に対する考え方にも大きな影響を及ぼすと思われる。

そこで，ファイナンスの基礎知識に基づきながら，このことについて触れていくことにしよう。

(2) 老後の生活資金についてのアンケート結果

まず，生保商品と一般的な金融商品の競合が進んでいる実態をアンケート結果から見てみよう。

図表7－6の「平成18年度生命保険に関する全国実態調査」（生命保険文化センター，2006年9月）は，夫婦が経済的に満足した老後を過ごすためにどのような経済的準備手段を望んでいるかを調査したものである。

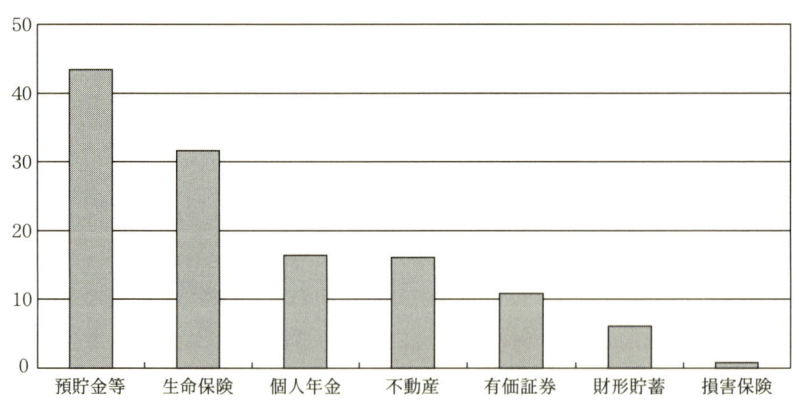

図表7－6　老後に期待できる経済的準備手段（2006年9月・全国実態調査）

（注1）　夫婦の老後生活資金をまかなうための経済的準備手段として期待できるものを複数回答した結果が示されている。単位：％
（注2）　資料：「平成18年度生命保険に関する全国実態調査」（2006年9月生命保険文化センター）

ここでは老後の生活資金をまかなうための準備手段として期待できるものを複数回答した結果が示されている。これによると，生命保険や個人年金が老後の準備手段として第2位，第3位の位置を占めているが，代表的金融商品である預貯金等が第1位であり，有価証券も無視できない存在である。

第7章 〈2007年〉 生保商品と金融商品の競合を促す最近の動き

　通常，個人年金は公的年金の補完手段であり，安定的に給付金を提供する特殊な保険商品として扱われている。そのため，老後の経済的準備手段として一般の金融商品と異なった存在のようにみなされがちである。

　しかし，アンケート結果からわかるように年金型保険商品だけでなく，一般の金融商品も有力な老後の準備手段として考えられている。それは人々が個人年金も通常の金融商品も将来のキャッシュフローをもたらすという点で，同じものとみなしているからである。

　次に，このことについて簡単なモデルを通して説明していくことにしたい。

(3) 年金化を理解するためのシミュレーション

　人々は収入を得て，自分自身の満足を最大化するように支出する。それは現役時代も老後もそのままあてはまる行動である。そうした収入と支出の動きをキャッシュフローとして描いたものが**図表7－7**である。

　現役時代は収入のほうが支出よりも大きく，その差額が貯蓄されていく。しかし，老後にはいると，現役時代に貯蓄を積み重ねた残高であるストックを取り崩しながらキャッシュを生み出し，それを老後の支出に充てていく。

　その際，個人年金は老後のキャッシュを生み出す手段として極めて都合のよい機能を持っている。現役時代に蓄積した資金を個人年金として保有しておけば，老後になった時に毎期，約束された金額が収入となって確実にもたらされるからである。

　この機能があるからこそ，個人年金は特別な存在として扱われている。しかし，一般の金融商品もこうした「年金化」は可能である。人々が現役時代に蓄積した資金を老後にわたって一定額を生み出すように計算すればよいからである。

　図表7－8はそうした年金化のケースを具体的にシミュレーションした結果を描いている。ここでは65歳の人が80歳まで生きるとし，毎年100万円の支出が必要であると仮定している。そこで，現役時代に蓄積した1,000万円を毎年100万円が受け取れるように計画している。

図表7－7　年金化のイメージ図

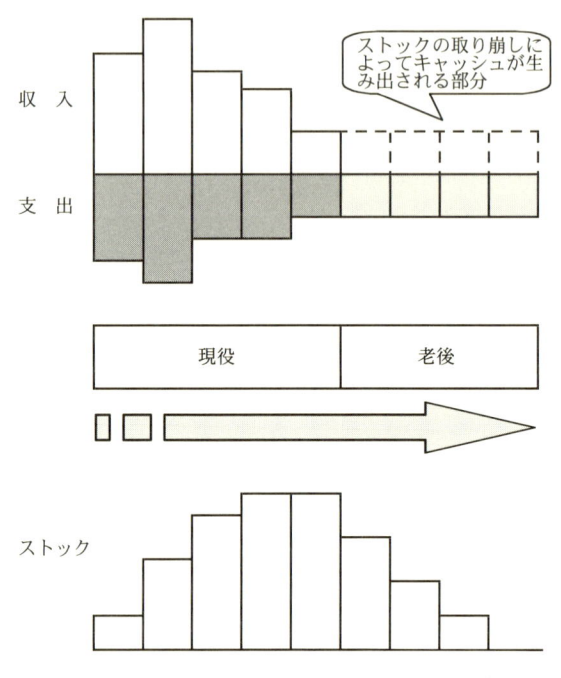

ストックの取り崩しによってキャッシュが生み出される部分

図表7－8　生涯の収入と支出に関するシミュレーション
　　　　　－ストックとキャッシュフローの推移－

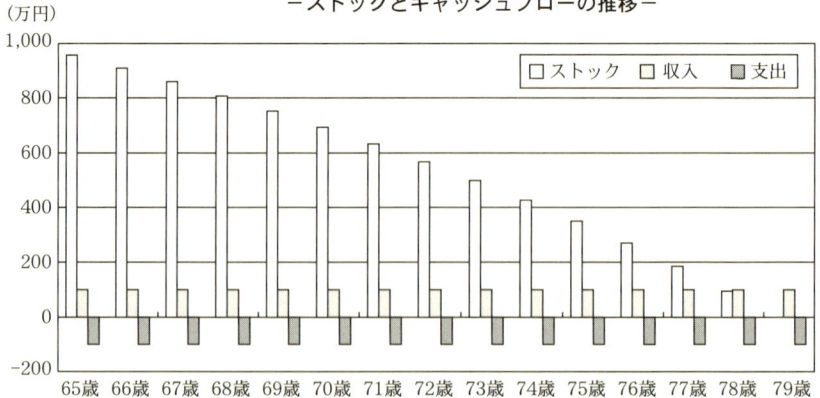

（注）　65歳の人が80歳まで生きるとし，毎年100万円の支出が必要である。そこで，現役時代に蓄積した1,000万円を毎年100万円が受け取れるように計画している。そのための運用利回りは5.56％となる。

第 7 章 〈2007年〉 生保商品と金融商品の競合を促す最近の動き

その場合，資金の運用利回りが重要になる。15年間にわたって何パーセントで運用しなければならないであろうか。

この問題は，例えばファイナンス論の代表的教科書であるツヴィ・ボディ，ロバート・C・マートン著『現代ファイナンス論』（改訂版）を参考にするとよい。この教科書ではファイナンス専用電卓で計算することが前提に書かれているが，パソコンの表計算ソフト「エクセル」に組み込まれた「関数」のうち，「財務」の関数を用いれば，こうした複雑な問題も簡単に計算できる。

それによると，運用利回りは5.56％である。元本1,000万円から出発し，運用収益を得ながら，毎年，収入と支出が100万円だけ続くと，ちょうど15年後に資金がなくなる計算である。

このようにパソコンがあれば誰でも自分の資金を個人年金と同じような年金型保険商品に転換できる。それゆえ，一般の金融商品も個人年金も老後の経済的準備手段としてわざわざ区分けする必要性はまったくなく，同じ役割を果たすことになる。

こうした練習を積み重ねていくと，好みのキャッシュフローを自由に描くことが可能となる。その時，個人年金も一般の金融商品も同じであると強く考えるようになるだろう。実際，先ほどのアンケート結果はまさに年金化が浸透していることを証明しているようである。

(4) 長生きリスクへの対応

確かに死期が完全に予見できれば，年金化は意味のある手法である。しかし，人々が一番不安に感じているのは「長生きリスク」であろう。

80歳で人生を終えると思っていても，90歳，あるいは100歳まで生きるかもしれない。そうした長生きリスクへの対応手段として終身型個人年金は極めて有効な年金型保険商品として評価される。

そうすると，頭のなかでキャッシュフローを組み立てる年金化はあくまでも有期型個人年金に相当する考え方であり，長生きリスクの解消手段には成り得ないことになる。

99

しかし，自分自身がどれだけ長生きリスクにさらされているかを大胆に予想し，それに見合った運用を実行すれば，この種の問題もある程度，解消できるかもしれない。

図表7−9は先ほどとまったく同じ条件のもとで65歳の人がそれぞれの年齢まで生きると想定した場合の運用利回りが示されている。例えば，90歳ならば，毎年100万円の収入を生み出すのに8.78％で運用していくことになる。また，100歳と予想すれば，運用利回りは9.60％となる。

図表7−9　年齢と運用利回りの関係
——各年齢に至るまで年金化を可能とする運用利回り——

年　　　齢	運 用 利 回 り
80歳	5.56％
81歳	6.15％
82歳	6.66％
83歳	7.08％
84歳	7.44％
85歳	7.75％
86歳	8.02％
87歳	8.25％
88歳	8.45％
89歳	8.63％
90歳	8.78％
91歳	8.91％
92歳	9.03％
93歳	9.14％
94歳	9.23％
95歳	9.31％
96歳	9.38％
97歳	9.44％
98歳	9.50％
99歳	9.55％
100歳	9.60％

（注）　65歳の人が現役時代に蓄積した1,000万円を元本に，それぞれの年齢に至るまで毎年100万円の収入が得られるために必要な運用利回りが示されている。

第7章 〈2007年〉 生保商品と金融商品の競合を促す最近の動き

　もちろん，生涯の年齢を完全に予測できないので，年金化は終身型個人年金に完全に取って代われない。だが，ある程度の予想が見込めれば，年金化は長生きリスクに対しても対応可能な手段と成り得るであろう。

　経済的に豊かな人生を送るには自分に合ったキャッシュフローを描く必要がある。その手段として定期預金，債券，株式あるいは生保の個人年金など性格が異なる金融商品がたくさん存在する。

　だが，年金化という考え方が浸透すれば生保の年金型保険商品も一般の金融商品もとりわけ区別する必要性がなく，ますます生保商品と金融商品の競合を強めることになろう。

第3節　郵政民営化とコングロマリット

　銀行窓販の全面解禁や年金化の浸透はこれからの生保事業に影響を与える無視できない要因である。それに加え，2007年10月にスタートした郵政民営化も生保に大きな刺激を与えるように思われる。

　日本郵政公社は当初から貯金と保険を窓口で販売しているが，民営化によって相乗効果をさらに高める可能性が高い。これにより生保の銀行窓販もさらに刺激を受けることになろう。

　だが，郵政民営化は生保に対して銀行窓販といった販売チャネルの一層の改革を促すだけで終わるとは限らない。郵政はもともとコングロマリットと呼べる形態をとっている。

　コングロマリットとは銀行業，証券業，保険業のうち，複数の業種を兼ね備えた複合金融組織をいう。郵政はすでに銀行業と保険業の分野に進出しているので，まさにコングロマリットといえる。

　そうであるならば，民営化された郵政が保険商品と金融商品をいままで以上に積極的に販売すれば，それは生保に銀行窓販の強化を促すだけにとどまらず，コンクロマリットを検討するきっかけを与える要因になるかもしれない。

　少子高齢化社会を本格的に迎え，人々はますます自分自身にとって最適な

キャッシュフローを生み出すような生保商品や金融商品をこれから望んでくる。それに応えていくには生保は販売チャネルの拡充だけでなく，顧客ニーズに合った新商品を次々と発表していかなければならない。

　そうした要求に応えていくには最終的に組織の大幅な改革を実行しなければならない。その時，生保もコングロマリットを真剣に検討するかもしれない。このように考えていくと，郵政民営化は生保の組織改革を促す大きなきっかけになるように見える。

第8章

〈2008年〉

生保経営のフレームワーク
――生保会社の企業価値を形成する
4つの原動力――

第 8 章 〈2008年〉 生保経営のフレームワーク

第 1 節　2008年 3 月期決算の特徴

　主要生保の2008年 3 月期決算が発表された。それによると，ほとんどの生保で保険料収入が減少し，基礎利益も減益となった。減収減益という成長もできず，利益も出しにくい生保の苦しい姿が浮かび上がった形となった。
　図表 8 － 1 はそうした主要生保の保険料等収入と基礎利益を示したものである。保険料収入も基礎利益もほとんどの主要生保で落ち込んでいるが，それをもたらした最大の要因はやはり保険金不払い問題であろう。
　再発防止策に力を注いだため新規契約の獲得まで十分に手が回らず，またそれに関連した諸費用も嵩んだためである。

図表 8 － 1　主要生保の2008年 3 月期決算

	保険料等収入	増減率	基礎利益	増減率
日　　　　本	48,900	0.7	6,375	▲12.7
第　　　　一	31,876	▲3.2	4,446	▲10.7
明 治 安 田	26,537	3.2	4,158	▲9.3
住　　　　友	25,485	▲13.1	2,381	▲21.4
大　　　　同	8,433	▲2.5	1,248	▲0.7
三　　　　井	8,006	▲1.6	666	▲27.5
富　　　　国	7,364	2.0	896	16.4
太　　　　陽	6,357	▲9.9	530	▲1.7
朝　　　　日	5,554	▲7.5	432	▲10.0
ア　リ　コ	14,657	▲1.6	1,038	10.6
ＡＩＧエジソン	4,073	▲3.5	287	▲44.8
ＡＩＧスター	2,663	▲8.1	405	7.8
ア フ ラ ッ ク	11,140	4.2	1,121	▲16.0
プルデンシャル	4,592	7.2	362	▲2.0
ジ ブ ラ ル タ	6,495	51.8	343	111.8
ア　ク　サ	6,645	1.2	529	▲23.1
ソ　ニ　ー	6,484	7.1	235	▲3.3

（注）　単位：億円，％。▲印はマイナス。

確かに2005年に明治安田生命で保険金不払い問題が発覚し，それ以降，生保業界全体にまで飛び火し，2年連続で保険料収入が減少している。それゆえ，今日の低迷は保険金不払い問題が直接の原因といえる。

　そうすると，いずれ生保は過去の姿を取り戻すと思われるかもしれない。なぜなら，この問題はいつまでも続く恒久的な性質のものではないからである。

　だが，わが国の生保を取り巻く環境は過去とまったく異なっている。とりわけ，少子高齢化社会の本格的到来はいままでのスタイルの経営を根本的に変えていかない限り，難しいであろう。

　そこで，過去を少し振り返りながら，将来の生保の姿を単純なフレームワークを用いながら占うことにしたい。これにより生保の企業価値を形成する本質的要因も明らかになるであろう。

第2節　生保経営を直撃した諸問題

(1)　保有契約高の減少

　生保の主要な経営指標のひとつである最近の保有契約高の動きを見ると，年度を重ねるごとに減少している。それは先ほどの生保決算からも十分に推測できるであろう。

　図表8－2は全生保の保有契約高を個人保険，個人年金，団体保険の3種類に分けながら長期の動きを示したものである。これを見ると，死亡保障にウエイトを置いた個人保険が中心で，それが生保市場の縮小化を生み出していることがわかる。

　実際，個人保険の保有契約高に注目すると，1996年度末にピークを迎え，約1,500兆円であったが，その後，減少傾向に歯止めがかからず，ついに2006年度末には1,000兆円を割り込んでいる。

　戦後の生保業界の発展を保有契約高の動きから大雑把にとらえると，1996年度迄が成長期で，それ以降が成熟期に相当する。確かに日本経済の成長に呼応するかのように，わが国の生保は定期付養老や定期付終身を中心に販売し，保

第8章 〈2008年〉 生保経営のフレームワーク

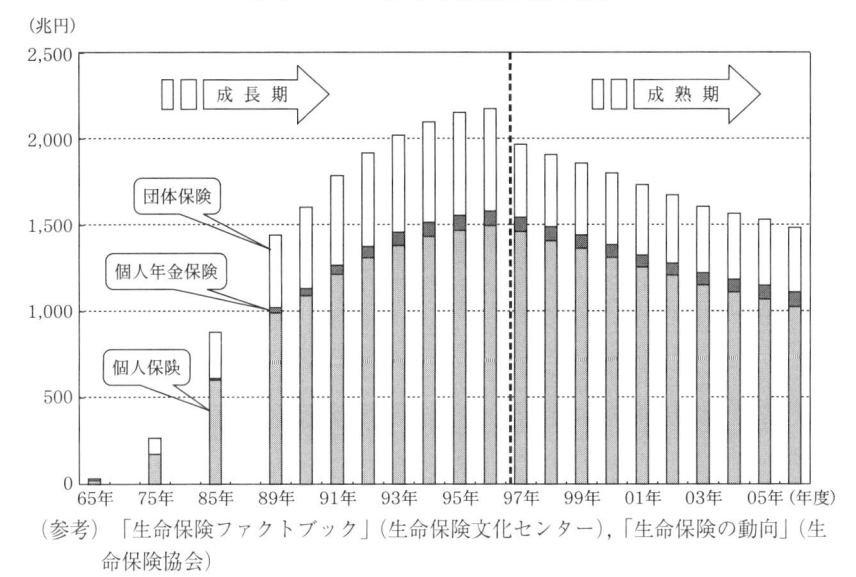

図表8−2　全生保の保有契約高の推移

(兆円)

成　長　期　　　　　成　熟　期

団体保険
個人年金保険
個人保険

65年　75年　85年　89年　91年　93年　95年　97年　99年　01年　03年　05年(年度)

(参考)　「生命保険ファクトブック」(生命保険文化センター)，「生命保険の動向」(生命保険協会)

有契約高を伸ばしていった。

　だが，日本経済が低迷し，さらに少子高齢化が鮮明になるにつれて，生保の保障型商品も頭打ちになり，保有契約高は下落傾向を強めている。

　こうした経営指標を観察する限り，生保関係者の関心はおそらく，今後の動きに移らざるを得ないであろう。主力商品の転換など従来の経営スタイルから脱皮しなければならないことはわかるが，どのような変貌を遂げなければならないのであろうか。

　その問題に的確に答えるには生保経営のフレームワークを明示し，それに基づきながら説明するのがよいであろう。

(2)　生保経営のフレームワーク

　生保が成長するための主要な原動力として，商品開発力，販売力，運用力，財務力の4つが挙げられる。この4つの力が合わさった結果が保有契約高などの経営指標であり，それらを通じて生保の企業価値が形成されていく。そうし

107

図表8－3　生保経営のフレームワーク
──企業価値を形成する４つの原動力──

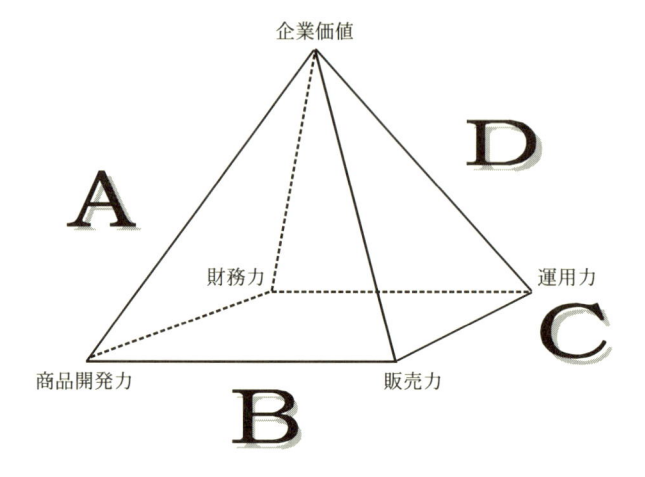

（企業価値／財務力／商品開発力／販売力／運用力　A・B・C・D の四角錐）

た生保経営のフレームワークをピラミッド（四角錐）で表現したものが**図表8－3**である。

　生保経営をめぐる問題は時代とともに大きく変化してきた。それはピラミッドの４つの側面をそれぞれクローズアップすることで表現できる。そこで，ピラミッドの４つの側面であるA側面からD側面を取り出し，生保経営に関わる過去，現在，そして将来の問題を対応づけたものが**図表8－4**である。

　まず，過去の問題を振り返ると，さまざまな問題があった。そのなかで私達の記憶にいまだ新しい問題として1997年4月から2001年3月にかけて発生した生保危機がある。運用利回りが予定利率を下回る逆ざやが長期にわたって発生したために都合7社の生保が破たんした問題である。

　図表8－5は生保総資産利回りの推移を描いたものである。これを見るとわかるように，1980年代までは運用利回りが極めて高かったので，予定利率が高い生保商品を積極的に販売していた。しかし，1990年代に入って市場環境が激変し，運用利回りが急激に低下したため，逆ざや問題が発生してしまったのである。

第8章 〈2008年〉 生保経営のフレームワーク

図表8－4　生保経営をめぐる4つの局面

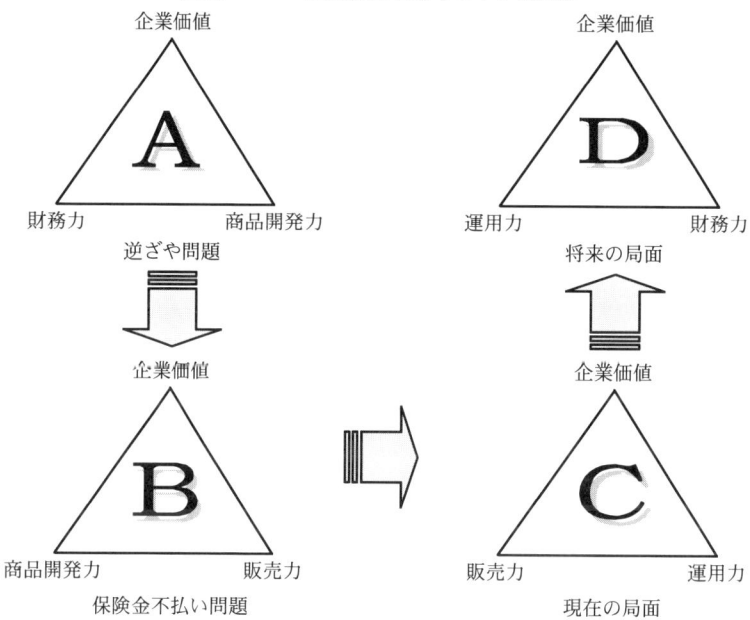

```
          企業価値                              企業価値
            △                                    △
           A                                     D
       財務力  商品開発力                    運用力   財務力

         ↓ 逆ざや問題                        ↑ 将来の局面

          企業価値                              企業価値
            △                                    △
           B              ⇒                    C
     商品開発力  販売力                    販売力   運用力

      保険金不払い問題                       現在の局面
```

図表8－5　生保総資産利回りの推移

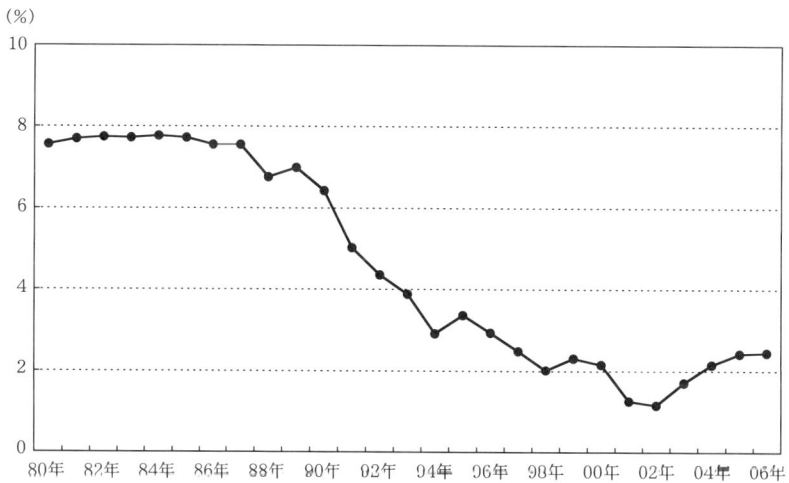

（参考）「生命保険ファクトブック」（生命保険文化センター），「生命保険の動向」（生命保険協会）

この問題は先ほど描いた生保経営のフレームワークで表現すれば，財務力と商品開発力を底辺とする**A側面**に相当する。資産と負債を適切に調整するALM（資産・負債総合管理）手法を無視し，従来型の商品を販売し続けたため，逆ざやから財務力が急激に弱まり破たんしていったのである。

　最近では新たな生保危機として冒頭でも触れた保険金不払い問題が挙げられる。2007年12月に発表された報告によると，全生保38社の保険金不払い・不払い漏れは合計で964億円，131万件であった。

　これは本来，支払わなければならない保険金を生保側のミスから支払わなかった問題である。生保商品があまりにも複雑になり，それを販売する営業職員が十分に理解できないために発生した問題である。それゆえ，商品開発力と販売力を底辺とする**B側面**に相当する経営内容といえる。

第3節　今日の生保と将来の生保

(1)　銀行窓販の全面解禁

　こうした逆ざや問題そして保険金不払い問題が生保危機として過去に注目された。今度は新しい話題に目を向けると，2007年12月から始まった銀行窓口販売の全面解禁が挙げられる。

　わが国の生保は営業職員を中心とした販売チャネルが主流である。だが，営業職員数は連続して減少し，いまでは24万人台で，ピーク時の1990年度に比較して44％も減少している。

　しかも，営業職員のターンオーバー（大量採用・大量脱落）問題はなかなか解決できず，それが不払い問題を引き起こした要因のひとつとされている。そうした反省から営業職員の定着率を高める取り組みが各生保で強化されている。

　その一方で営業職員に代替する販売チャネルとして銀行窓販が注目を集めている。2001年4月に一部の商品が解禁されて以降，個人年金など貯蓄型商品を中心に銀行窓販はほぼ着実な伸びを見せている。

　それに対して従来の保障型商品は依然として営業職員の販売チャネルが馴染

第8章 〈2008年〉 生保経営のフレームワーク

むようである。しかしながら，本格的な少子高齢化社会を迎え，保障型商品は低迷し，そのことが営業職員の減少そして保有契約高の減少に繋がっている。

少子高齢化は今まで以上に強まるのは明らかである。家族よりも自分自身の保険を選好する傾向は強まるであろう。そのため，保障型商品は低迷し，それに代わって貯蓄型商品のウエイトがさらに高まることが確実視されている。

銀行窓販の全面解禁はそうした日本経済の流れを受けながら展開した新しい販売チャネルである。すでに銀行窓口で顧客の資産運用の相談に応じながら，銀行や証券会社の金融商品と競合するものとして生保の貯蓄型商品が販売されている。

その場合，運用利回りが顧客の重要な判断基準になるだろう。もちろん，銀行の定期預金，証券会社の投資信託，保険会社の個人年金ではそれぞれ商品の特性が違っているが，基本的には運用利回りが高いほど魅力的に感じられる。

それゆえ，これからの生保は銀行窓口で貯蓄型商品を販売するとともに，運用に力点を置かなければならない。その局面を先ほどの生保経営のフレームワークで表現すれば，販売力と運用力を底辺とするC側面に相当する。

(2) 機関投資家としての生保

販売力と運用力が相乗効果を発揮すれば，生保の企業価値はますます高まるであろう。そうした動きがさらに進めば，生保商品は保障手段よりも貯蓄手段としての色彩が強まり，資産運用を重視する機関投資家として位置付けられていく。

つまり，将来の生保は先ほどの図でいうと，D側面に向かっていくことになる。これは運用力と財務力を底辺としながら企業価値を高めていく局面である。

運用力に力点が移れば，銀行窓口が金融商品を比較する場として重要になるが，その後は次第に財務力が注目されていくだろう。運用には必ずリスクを伴うので，それを吸収するだけの充分な自己資本がなければ，最悪の場合，生保は破たんしてしまう。

生保破たんは契約者に大きな負担を強いることをすでに生保危機で体験済み

である。それゆえ，運用利回りを競い合いながら，保険会社の自己資本比率に相当するソルベンシーマージン比率も重視する経営が求められる。そのような運用力と財務力が生保を選別する基準としてクローズアップされていくであろう。

　一昔前の生保の株式投資は保険契約の獲得を目的に株式を買う政策投資が主流であった。だが，今は収益を目的とする純投資に変わりつつある。その姿は物言わぬ株主から物言う株主への変身である。

　また，主要生保では株式会社の資本金に相当する基金の増強が行われている。また，準備金の積み増しも始まっている。こうした運用力と財務力の強化は将来の生保の姿を先取りしたものといえるかもしれない。

第4節　生保の株式会社化への動き

(1)　機敏で容易な資金調達手段

　生保経営のピラミッドは見る角度によってさまざまな側面が浮かび出される。ここでは4つの側面に分けながら過去の問題から現在そして将来の経営課題まで説明してきた。

　それぞれの局面を2つの原動力を底辺にした三角形で表現したが，基本的には4つの原動力が合わさって企業価値を形成していく。その場合，生保の企業価値をどれだけ高めるかが経営者の最終目標となる。

　ところで，大手生保のほとんどが相互会社組織であるため，経営規律が緩み，さまざまな問題を引き起こしてきたと批判されることが多い。戦後の生保システムを支えた経営体制を根本から変革させるには組織上の大改革が必要である。その手段として相互会社から株式会社への転換が唱えられることが多い。

　米国では大手生保のメットライフが2000年に，また同じ大手生保のプルデンシャルが2001年に株式会社化を実施している。それは米国だけの動きではない。英国の大手生保では1990年代から株式会社への転換が起きている。

　わが国においても2002年に大同生命が，そして2003年には太陽生命が株式会

社化し，2004年には大同生命・太陽生命はＴ＆Ｄホールディングスを設立し，株式上場を果たしている。また，同じ2004年には三井生命が株式会社化している。

そうしたなかで2007年12月，業界第2位の規模を持つ大手生保の第一生命が2010年に株式会社化を実現し，株式を上場する方針を発表した。しかも持ち株会社制度を導入し，国内だけでなく海外でもＭ＆Ａ（買収・合併）を繰り広げることを明らかにした。

第一生命は矢野恒太によって日本初の相互会社組織の生保会社として1902年に設立された。相互会社のシンボル的存在である第一生命が相互会社の看板を捨て株式会社へ転換するのである。

国内の生保市場は少子高齢化を背景に確実に縮小している。困難な局面を打開するには相互会社形態では限界がある。第一生命は資金調達など機敏な動きに馴染む株式会社化への転換を決意したのである。日本生命に次ぐ規模を有する大手生保の株式会社化は他の生保に刺激をもたらすであろう。

これにより財務力，商品開発力，販売力，運用力をフルに活かした経営システムが再構築され，企業価値の向上が実現できると期待される。まさに巨大な生保経営のピラミッドを建設するための大規模な組織改革が相互会社から株式会社への転換と思われる。

(2) 中間目標としての株価水準

将来の生保は貯蓄型商品ニーズの高まりから，機関投資家としての色彩が強まると予想される。そのため，運用力と財務力が経営の要となり，それらを強化するため金融機関の買収が必要となる。株式会社は資金調達が容易なので，そうした動きに機敏に対応しやすい性格を持っている。

確かに株式会社化の狙いは増資を通じて資金調達が簡単に実現できることにある。だが，生保が単に株式会社化で終わらず，株式が上場されるならば，株価そのものが経営シグナルとして有益な役割を果たすことも忘れてはいけない。

生保は顧客も投資家も従業員もすべてが満足する経営を目指しながら，企業

価値の最大化を達成しようとする。それが理想とされる姿である。

だが，そのような目標を掲げてもあまりにも抽象的であり，実現するには距離が遠すぎる。生保が着実な経営を歩むには，経営活動と最終目標の間に中間目標を設定する必要がある。

戦後の長期にわたる生保経営で，そうした中間目標に相当する役割を果たしていたのがおそらく保有契約高であったと思われる。保有契約高の伸びが生保の企業価値を確実に高めていたからである。

しかしながら，今日のように顧客ニーズが保障型商品から貯蓄型商品へ急速に変化する状況のもとでは，中間目標としての保有契約高はほとんど意味をなさなくなっている。

しかも，成熟した経済のもとでは顧客ニーズは著しく変化するため，それに対応する生保商品も主役がめまぐるしく変化する。そうしたなかで最終目標に密接なつながりを持つ有益な中間目標は，株価水準であろう。株価の動きを見るだけで，生保が企業価値を高めているかどうかを簡単に見分けられるからである。

ただ，そのためには生保が株式会社でなければならない。相互会社のままではこれからますます適切な中間目標を見出すことが難しくなるであろう。

このように見ていくと，日本最古の相互会社である第一生命の株式会社化宣言は将来の動きを先取りした行動のように見える。資金調達手段だけでなく，経営の中間目標としての魅力も感じながら，株式会社化に踏み切ったものと思われる。

日本生命や明治安田生命は株式会社化を当面見送る方針を固めているが，この問題は銀行や証券を含めた金融機関同士の競争が激化するにつれて，いずれ大手生保の間で真剣に再検討せざるを得ないであろう。

第9章

〈2009年〉

再編を予感させる厳しい内容の生保決算

第9章 〈2009年〉 再編を予感させる厳しい内容の生保決算

第1節　2009年3月期決算の特徴

(1) 主要生保の決算

　主要生保の2009年3月期決算が発表された。世界的な経済危機の影響をもろに受け，最終損益を減らすばかりか，赤字を計上し，減配あるいは無配に転落する生保も現れている。

　そのなかで上位4社（日本，第一，明治安田，住友）は黒字を確保しているが，価格変動準備金や危険準備金といった内部留保を取り崩すことでようやく黒字を維持している状態である。そのため最終損益が黒字にもかかわらず，課税所得がマイナスであることから納税ゼロという不思議な現象も現れている。

　図表9－1は主要生保9社の決算から成長性，収益性，健全性を表す代表的な経営指標を取り出し整理したものである。

　成長性の経営指標である保険料等収入を見ると，成長する生保と低迷する生保に分かれ，2極分化が確認できる。だが，収益性と健全性の両指標を見ると，どの生保も悲惨な結果を露呈している。

　厳しい決算をもたらした直接的要因は，株式や外債などで構成する有価証券の大幅な評価損の発生である。そのことは有価証券等関連損益のマイナスとして表され，その数値が突出していることから確認できる。

　収益の悪化はそれだけにとどまらず，株式配当や利息収入の減少から，すべての主要生保が逆ざや（利差損）状態に陥っている。大同が2年前に，日本と第一が昨年に解消したばかりであるが，再び逆ざや状態に転落している。

　三利源のうち死差益と費差益が逆ざやを吸収するほどの余力があれば基礎利益は黒字になるが，そうでなければ赤字になる。大同と三井は逆ざや額が大きいため，基礎利益が赤字になっている。また，大同，太陽，三井，朝日は最終損益が赤字になっている。

　そうした厳しい内容の収益性指標を反映して，健全性指標も振るわない結果をもたらしている。実質純資産額もソルベンシーマージン（支払余力）比率も

図表9−1 主要生保の経営指標（2009年3月期決算）

	(1)成長性指標		(2)収益性指標						(3)健全性指標			
	保険料等収入	増減率	基礎利益	増減率	有価証券等関連損益	利差損益	最終損益	増減率	実質純資産	増減率	ソルベンシーマージン比率	増減幅
日 本	50,367	3.0	5,398	▲15.3	▲7,440	▲400	1,815	▲34.3	53,137	▲41.3	904.4	▲252.4
第 一	32,905	3.2	3,181	▲28.4	▲6,196	▲649	844	▲34.1	27,037	▲42.0	768.1	▲242.5
明治安田	26,865	1.2	3,293	▲20.8	▲3,536	▲688	1,222	▲25.1	29,035	▲36.0	1,098.7	▲215.4
住 友	25,337	▲0.6	1,485	▲37.6	▲2,530	▲1,031	1,064	18.3	15,333	▲32.5	837.2	▲193.5
T&D 大同	8,119	▲3.7	▲312	—	▲914	▲1,298	▲520	—	4,479	▲42.4	823.4	▲272.9
T&D 太陽	5,966	▲6.2	450	▲15.2	▲1,336	▲202	▲155	—	3,304	▲49.9	866.4	▲134.2
富 国	7,819	4.0	755	▲17.5	▲821	▲116	548	19.4	5,161	▲34.3	1,008.4	▲138.5
三 井	7,441	▲7.1	▲1,084	—	▲1,394	▲1,552	▲1,798	—	3,006	▲46.8	602.0	▲94.1
朝 日	5,272	▲5.1	327	▲24.3	▲2,036	▲879	▲1,841	—	2,249	▲52.4	583.1	▲91.0

（注1）単位：億円、％。増減率（％）は前年同期比、ソルベンシーマージン比率（％）のみ増減幅を示す。▲はマイナス、—は比較不能を意味する。
（注2）第一、富国は関連生保合算の数値を示す。

第9章 〈2009年〉 再編を予感させる厳しい内容の生保決算

すべての主要生保で前の年度に比べて減少している。これは経済危機の影響から有価証券や不動産の含み益を大幅に減らしたためである。

(2) 外資系等生保の決算

次に外資系等生保について見てみよう。**図表9－2**は先ほどと同様に3つの経営指標に分けながら決算の数値を並べたものである。

どの指標を見ても国内主要生保と同様にマイナスの数値が目立つ。とりわけ世界的経済危機の影響を直接受けた米国保険会社傘下の外資系生保は，親会社の株式保有から大幅な損失を被っている。

前の年度までは国内主要生保を追い越す勢いを見せていた外資系生保だったが，本国の保険会社の経営危機が保険料収入の落ち込みばかりか，財務内容も直撃したため，経営環境は一変し，M＆A（合併・買収）の標的にさらされる事態にまで陥っている。

また，いままで変額年金保険の販売で業績を急激に伸ばし，シェア上位に位置している一部の外資系生保も，経済危機の痛手から販売停止に追い込まれている。運用成績の落ち込みが直接の原因であろうが，経営危機に揺れる本国親会社の事情が影響しているようである。

もちろん，変額年金保険の販売不振や販売停止は外資系生保だけの問題でない。国内主要生保も同様で，かなりの金額の最低保証費用が発生し，経営を圧迫するところも現れている。

図表 9－2　外資系等生保の経営指標（2009年3月期決算）

		(1)成長性指標		(2)収益性指標					(3)健全性指標			
		保険料等収入	増減率	基礎利益	増減率	有価証券等関連損益	利差損益	最終損益	増減率	実質純資産	増減率	ソルベンシーマージン比率	増減幅
AIG	アリコジャパン	14,144	▲3.5	964	▲7.1	▲5,898	非公開	▲2,828	－	1,871	▲63.5	800.1	▲113.2
	AIGスター	2,272	▲14.7	318	▲21.3	▲923	非公開	▲414	－	945	▲55.2	840.2	▲448.2
	AIGエジソン	3,640	▲10.6	422	47.2	▲2,311	非公開	▲1,289	－	1,471	▲33.3	885.1	▲88.4
アメリカンファミリー		11,626	4.4	1,477	31.7	▲475	65	588	▲8.2	1,835	▲63.4	773.6	▲163.5
米プルデンシャル		5,084	10.7	366	1.2	▲349	▲63	10	▲84.2	2,203	21.9	902.9	▲4.0
ジブラルタ		4,179	▲35.7	532	55.0	▲1,047	非公開	10	5.1	1,659	▲38.2	879.2	▲23.7
アクサ		7,436	▲2.9	▲158	－	▲1,234	非公開	▲1,428	－	3,487	▲19.8	818.6	▲189.2
ソニー		6,620	2.1	380	61.2	▲217	▲213	337	82.5	5,326	▲13.0	2,060.5	312.6

(注1) 単位：億円、%。増減率（%）は前年同期比、ソルベンシーマージン比率（%）のみ増減幅を示す。▲はマイナス、－は比較不能を意味する。
(注2) アクサは関連生保合算の数値を示す。

第9章 〈2009年〉 再編を予感させる厳しい内容の生保決算

第2節 世界的な経済危機の元凶

(1) サブプライムローン問題と証券化商品

　今回の生保決算は10年前の生保危機をあたかも彷彿させるかのような厳しい内容のものであった。その直接的要因はやはり米国のサブプライムローン問題に端を発した世界的経済危機が影響しているといえる。

　サブプライムローンとは住宅ブームに沸いた米国で生み出された信用力の低い個人向け住宅融資のことである。所得がない人（No Income）にも，仕事のない人（No Job）にも，また資産のない人（No Asset）にも融資したことから，別名，頭文字を繋げてNINJA（ニンジャ）ローンとも呼ばれている。

　本来ならば住宅購入が難しい人まで融資が受けられたのは，最初の5年から10年にかけて利息だけを支払えばよいインタレスト・オンリー・ローンや，当初は利息すら支払わなくて済む変動金利型ローン・オプション付き（オプションARM）が利用できたからである。もちろん，その間は元本が減らないばかりか，増え続けるケースも生じる。

　金融機関はそうした融資を行えば，自らがかなりの信用リスクを負うことになる。しかし，金融の証券化からさまざまな投資家にリスクを分散化できる仕組みが整い，金融機関はリスクをほとんど意識しなくても済むようになった。

　つまり，サブプライムローンを組み入れたMBS（不動産ローン担保証券）や，それを再び証券化したCDO（合成債務担保証券）として米国だけでなく全世界の投資家にも保有され，リスクが広く分散化されるようになったのである。

　それらの証券は高度な金融工学の知識と情報技術の進歩を背景に開発された金融商品であるため，複雑で内容を正確に把握するのが極めて難しい。そのせいか，格付け会社はほとんどの証券に甘い評価を出し，最上級のトリプルA，あるいはダブルAとした。このこともサブプライムローンを拡大させたひとつの要因として挙げられる。

(2) 経済危機の始まり

　購入した住宅の値段が上がれば，サブプライムローンから組成された証券化商品を大量に保有しても問題は発生しない。そればかりか，個人は住宅を担保にホーム・エクイティ・ローンを利用して資金を新たに借り入れ，別の投資や消費を増やすことができる。

　そのことが実際に米国で行われ，住宅価格の上昇が投資と消費をさらに拡大させるメカニズムが作用し，米国経済を強引に牽引していった。

　こうした経済の好循環はあくまでも地価が上昇し続けるという土地神話が大前提となっていた。ところが，2007年秋にバブルがついに崩壊し，負のスパイラルが発生してしまった。地価が下落するばかりでなく，サブプライムローン関係の証券化商品も価値を大幅に下落させてしまった。

　そのため，その種の証券化商品を大量に保有していた米欧のヘッジファンドは巨額の損失を抱えこみ，ＵＢＳ，ドイツ銀行，ＨＳＢＣといった欧州の大手金融機関まで巨額の貸倒引当金を計上せざるを得なくなった。

　2008年3月には米ベアー・スターンズ証券が米ＪＰモルガン・チェースに救済買収され，同年9月には158年の歴史がある米リーマン・ブラザーズ証券が経営破たんするという最悪の事態にまで陥ってしまった。

　その後も金融機関の経営悪化はとどまらず，それは米国の実体経済の落ち込みをもたらすとともに世界経済にも大打撃を与えた。

　その結果，米ダウ工業株30種平均だけでなく，全世界の株価が同時に急落し，100年に1度の経済危機と叫ばれるようになった。

　もちろん，日本の株価も2007年秋頃から下落傾向が強まり，翌年9月のリーマンショック以降，世界のなかでも特に大きな下落率を示した。**図表9－3**は日経平均株価の推移をローソク足（月足）で描いたものである。サブプライムローン問題の影響が時間をかけながら浸透し，2009年3月期に向けて株価が急速に下落している様子が確認できる。

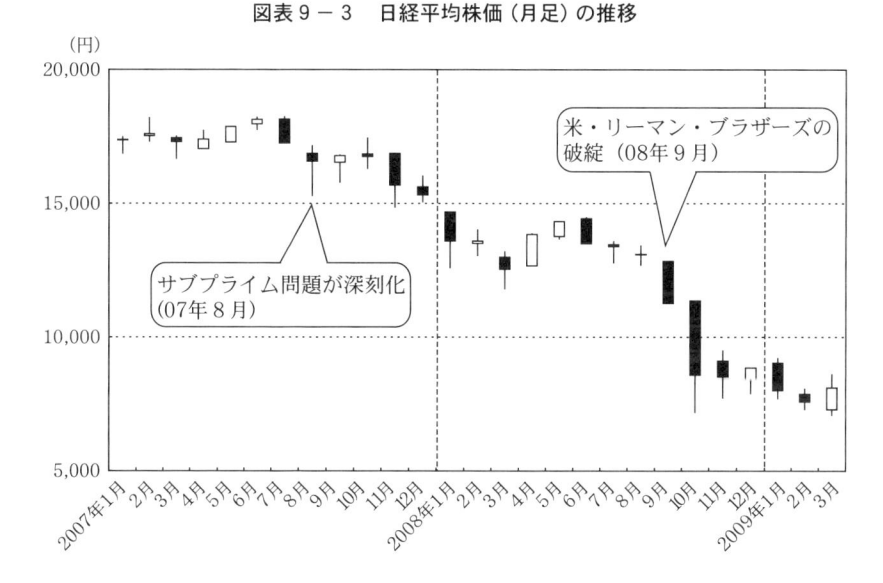

第9章 〈2009年〉 再編を予感させる厳しい内容の生保決算

図表9-3 日経平均株価（月足）の推移

米・リーマン・ブラザーズの破綻（08年9月）

サブプライム問題が深刻化（07年8月）

(3) 保険会社の経営危機

　米国のサブプライムローンを組み入れた複雑な証券化商品がカネ余り現象を背景に世界の投資家や金融機関に販売され，不幸なことにバブル崩壊とともに巨額の損失が一気に発生したことが世界的な経済危機を生み出した。

　そうしたなかで米・最大手保険会社のＡＩＧも同じように経済危機の大津波に呑まれてしまった。だが，ＡＩＧが経営危機に陥ったのは証券化商品の損失よりも，むしろクレジット・デフォルト・スワップ（ＣＤＳ）であろう。

　ＣＤＳとは企業の倒産リスクを扱った金融派生商品であり，保証料の見返りに企業が倒産した時に元本を支払う仕組みである。企業が順調な活動を展開していれば保証料だけが入ることになる。

　ところが，金融不安から経済環境が激変したためＡＩＧは多くの保証契約を履行せざるを得なくなり，経営危機が一気に表面化したのである。

　ヒトやモノを対象にした伝統的な保障業務とまったく違った金融ビジネスを展開していたＡＩＧは，損失の拡大から独自で再生するのが難しくなった。

そこで，米政府・連邦準備理事会（ＦＲＢ）は異例の措置として公的資金の注入ならびに融資枠の提供に踏み切り，2008年9月から翌年2月にかけて金融支援が4回も行われ，事実上，米政府の管理下に置かれることになった。

　こうしたサブプライムローン問題が証券会社や銀行だけでなく，保険会社の経営にも壊滅的な打撃を与えたのは驚くべき事実であるが，それは米国だけではなかった。

　わが国では株式などリスクの高い運用にウエイトを置いた中堅生保の大和生命が，米国発の金融危機のあおりを受けて2008年10月に破たんしている。

　有価証券の損失が市場の混乱から急拡大し，債務超過額が膨れ上がったためである。これで1997年4月に日産生命に業務停止命令が出されて以来，8社目の経営破たんとなる。

第3節　保険業界の再編

(1)　破たんを引き金とする生保業界の再編

　このように世界的な経済危機は銀行や証券会社だけでなく保険会社も直撃し，経営危機や破たんを引き起こしている。

　大和生命の破たんは経済危機による株式市場や外為市場の急変がわが国の生保を直撃した事例であるが，主要生保もその影響をもろに受け，厳しい決算内容を発表せざるを得なかった。本章のはじめでも紹介したように有価証券評価損が急激に拡大し，準備金を取り崩す事態にまで追い込まれている。

　たが，米国のサブプライムローン問題に端を発する今回の経済危機がわが国の生保業界に及ぼす影響は決算内容の悪化だけにとどまらないであろう。それは生保再編を促すきっかけになるかもしれない。

　すでに経営危機に直面した米ＡＩＧは日本で生保事業を展開するＡＩＧスターとＡＩＧエジソンの一括売却を打ち出している。また同じ傘下のアリコは米政府の特別目的会社に株式を移管することを決定している。

　そのほかにＡＩＧは損保事業も展開し，傘下にＡＩＵ保険やアメリカンホー

ムを抱えているので，この方面でも再編が予想される。

とりわけＡＩＧ傘下の生保はわが国において大手生保と変わらないほど大きなシェアを占めている。それらの生保が他社に売却されれば，わが国の生保業界にとって地殻変動を呼び起こすほどの刺激を与えるであろう。

一方，破たんした大和生命は米大手生保のプルデンシャルが買収することになった。実際の保険契約は傘下の生保が扱うため，これにより営業規模がさらに大きくなり，他の生保に与える影響は強まるであろう。

過去を振り返ってみてもわかるように生保業界は破たんが引き金となって変化していった。10数年前までは漢字生保がほとんどのシェアを占め，大手7社・中堅10社・中小3社の体制が確立していたが，生保危機をきっかけに崩れ去り，いまでは主要生保を中心としながらも外資等によるカタカナ生保が大きな存在感を示すまでに至っている。

(2) 加速する損保業界の再編

同じ保険会社でも損保業界に目を向けると，こちらは生保よりもはるかに動きが活発である。すでに大手銀行の再編を受けて主要損保は2001年から2002年にかけて絞り込みを進めたが，最近では新たに損保業界2位の三井住友海上グループ，同4位のあいおい損害保険，同6位のニッセイ同和損害保険の3社が2010年4月に経営統合することが明らかになった。

そうなると，業界5位の日本興亜の動向に視線が集まらざるを得ない。3損保の統合で刺激を受けた業界1位の東京海上と同3位の損保ジャパンは日本興亜との連携に魅力を感じるうえ，日本興亜もこのままの状態であり続けるのは難しいからである。

そうしたなかで損保ジャパンはすかさず日本興亜との経営統合を打ち出した。一連の統合により損保業界の勢力図が大きく塗り替わり，創業以来，業界首位の座を守り続けた東京海上ホールディングスは2位に転落するだけでなく，大手6社体制そのものが崩れ去り，大手銀行と同様に3大メガグループに集約されることになった。

本格的な損保再編に踏み切らせたのは，やはり収益の半分を占める自動車保険の伸び悩みであろう。世界的な経済危機の影響から新車販売が落ち込んでいるためでもあるが，それと同時にわが国の少子高齢化現象も重くのしかかっている。

　こうした厳しい経営環境を打開するための方策が規模の拡大を通して合理性を追求する統合あるいは合併である。

　損保業界の大規模な統合はまさに世界的な経済危機という当面の問題とわが国が抱える少子高齢化という長期的な問題に対応するための必然的な行動といえる。

　損保の動きに比べれば，生保の動きはまだ緩慢だ。だが，これからは損保再編は業界内だけにとどまらず，生保にも影響をもたらすかもしれない。なぜなら，総合金融機関として生保と損保が統合する可能性もあるからである。たとえ生保が再編に前向きでなくても，損保が積極的に生保に働きかけていく姿がこれから見られるかもしれない。

　生保も少子高齢化の影響をもろに受け，ますます厳しい経営環境に立たされている。そこに世界的な経済危機が追い打ちを掛け，財務力を直撃している。

　三井生命は経営を強化するため，同グループの三井住友海上，住友生命，三井住友銀行から出資を得るだけでなく，三井住友海上と住友生命から役員も受け入れている。さらに共同出資の保険会社設立も発表している。こうした動きも業界の枠にこだわらない新たな変化としてとらえられよう。

第4節　破たん回避と生保再編

　生保が破たんすると，契約者にかなりの負担を強いる。そのことは過去の破たん処理を振り返ってみてもわかるであろう。

　図表9－4は破たん生保8社の最終処理策を整理したものである。これを見るとわかるように生保が破たんした場合，債務超過額が膨らみ，それを穴埋めするため，セーフティネットの役割を果たす生命保険契約者保護機構が資金援

第9章 〈2009年〉 再編を予感させる厳しい内容の生保決算

図表9－4　破たん生保8社の最終処理策

	日産生命	東邦生命	第百生命	大正生命	千代田生命	協栄生命	東京生命	大和生命
破たん時点	1997年4月	1999年6月	2000年5月	2000年8月	2000年10月	2000年10月	2001年3月	2008年10月
債務超過額	3,222億円	6,500億円	3,200億円	365億円	5,975億円	6,895億円	731億円	643億円
資金援助額	2,000億円	3,663億円	1,450億円	267億円	なし	なし	なし	278億円
新予定利率	2.75%	1.50%	1.00%	1.00%	1.50%	1.75%	2.60%	1.00%
責任準備金削減率	削減なし	10%削減	10%削減	10%削減	10%削減	8%削減	削減なし	10%削減

（資料）　小藤康夫著『生保危機の本質』(2001年) 参照。

助を行う。

　これで完結すれば契約者は負担しなくて済むが，ほとんどのケースで責任準備金が上限の10％削減され，さらに新予定利率は大きく引き下げられている。

　大和生命の場合，債務超過額が643億円，資金援助額が278億円である。それだけでは再生が難しいため，責任準備金が10％削減され，新予定利率は1％に引き下げられている。

　過去の破たん生保の最終処理策を比較するとわかるように，第百生命や大正生命と同じくらい契約者に厳しい負担を強いている。これにより保険金・給付金がかなり減額されることになる。終身年金保険の場合，最大で80％も削減されるケースが生じている。

　過去の事例からもわかるように生保が破たんすると，契約者は多くの負担を強いられる。こうした不幸な事態を回避するには盤石な経営体制を維持するしか方法はないであろう。

　そのためには規模を拡大し，合理性を追求しながら経営基盤を強化せざるを得ない。それを実現する具体的な方法として統合や合併の繰り返しが必要になってくるものと思われる。これにより契約者の財産も保護される。

　このように見ていくと，世界的な経済危機を背景に厳しい経営環境に立たされた生保業界は，損保業界と同様に新たな再編に動き出す気配が十分に感じられる。

《出　　典》

　本書は以下に示す過去に発表した論文に基づきながらまとめられている。最後にそれぞれの章ごとに論文の出典を示すことにしたい。

第 1 章　「学者が斬る　生保危機発生のメカニズム」『週刊エコノミスト』2002年11月19日号　pp.46－49.
第 2 章　「生保経営の実態は「ディスクロージャー誌」から読み取れるか」『共済と保険』2003年 4 月号　pp.16－27
第 3 章　「黒字決算なのに，なぜ生保危機が叫ばれるのか」『共済と保険』2003年 7 月号　pp.16－25
第 4 章　「主要生保の現状と将来戦略──「生保離れ」が進行するにもかかわらず，「好決算」を示す不思議な現象──」『共済と保険』2004年 7 月号　pp.16－23
第 5 章　「生保経営と保険行政──行政は本当に生命保険のことを理解しているか──」『共済と保険』2005年 7 月号　pp.16－23
第 6 章　「保険商品の動向と販売──わが国生保の行方を欧米生保から読み取る──」『共済と保険』2006年 7 月号　pp.16－24
第 7 章　「生保商品と金融商品の競合をうながす最近の動き──銀行窓販の全面解禁と年金化の浸透──」『共済と保険』2007年 7 月号　pp.16－23
第 8 章　「生保経営のフレームワーク──生保会社の企業価値を形成する 4 つの原動力──」『共済と保険』2008年 7 月号　pp.16－22
第 9 章　「再編を予感させる厳しい内容の生保決算」『共済と保険』2009年 7 月号　pp.16－22

索　引

あ

IFA（独立系ファイナンシャル・
　アドバイザー）……………………82

い

医療・がん保険…………………………79
インタレスト・オンリー・ローン……121

う

ウイズプロフィット保険………………82
運用力…………………………………107

え

M&A（合併・買収）…………………119
MBS（不動産ローン担保証券）………121

か

会計ビッグバン………………………… 9
価格変動準備金………………… 9, 31, 53
価格変動積立金…………………………31
格付け会社………………………… 62, 121
カスタマー・リレーションシップ・
　マネジメント（CRM）………………85
家族のための保険………………………91
株式含み益………………………………15
株式含み損益……………………………49
株式含み率………………………………16
簡易保険…………………………………76

き

危険準備金……………………… 9, 31, 53
危険積立金………………………………31
基礎利益………………………… 15, 34, 48
基礎利益率………………………………16
逆ざや……………………………………34

逆ざや額…………………………… 20, 48
逆ざや問題……………………………… 5
キャピタル損益…………………………38
行政指導基準の200%……………………50
銀行窓口販売……………………………80
銀行窓販の全面解禁……………………95
金融改革プログラム……………………66
金融コングロマリット…………………67
金融サービス立国………………………66
金融審議会………………………………41
金融制度改革法（グラム・リーチ・
　ブライリー法）………………………68
金融持株会社……………………………67
金利自由化……………………………… 5
金利変動リスク………………………… 6

く

繰り延べ税金資産………………………33
クレジット・デフォルト・スワップ
　（CDS）………………………………123

け

計算基準…………………………………34
経常利益…………………………… 15, 34
経常利益率………………………………16
ケインズ………………………………… 3

こ

更正特例法………………………………63
公的年金………………………………… 4
国際会計基準委員会（IASB）…………27
黒板経済学………………………………10

さ

債務超過状態………………………… 8, 40
財務力…………………………………107

サブプライムローン問題 …………121

し

CDO（合成債務担保証券）…………121
JA共済 …………………………………76
時価による責任準備金 ………………42
自己資本 ………………………………23
死差益 ……………………………22,34
資産負債総合管理（ALM）……………6
実際の運用利回り ……………………34
実質純資産 …………………………15,49
実質純資産率 …………………………16
自分自身のための保険 ………………91
少子高齢化 ………………………………4
商品開発力 ……………………………107
情報公開請求 …………………………64
新契約年換算保険料 …………………51

せ

生損保の融合 …………………………56
製販分離 ………………………………67
生保危機 ………………………………35
生保経営のフレームワーク …………108
生保総資産利回りの推移 ……………108
生保の三利源 ……………………22,34
生保の時価会計 ………………………26
生保離れ現象 …………………………47
生命保険契約者保護機構 ……………126
責任準備金 ………………………………7
専属営業職員 …………………………83

そ

ソルベンシーマージン（支払余力）
　比率 ……………………………8,15,49

た

ターンオーバー ………………………110
第一分野 ………………………………79
第二分野 ………………………………79

第三分野 ………………………………79

つ

追加責任準備金 …………………26,42
通貨の金融的流通 ………………………3
積立不足 ………………………………40

て

ディスクロージャー誌 ………………13

と

当期剰余 …………………………34,48

な

内部留保 ………………………………23
内部留保の取り崩し …………………32
長生きリスク ……………………79,99

に

日経平均株価 …………………………122

ね

年金化 …………………………………97

は

バンカシュランス ……………………83
販売力 …………………………………107

ひ

PPGA …………………………………82
費差益 ……………………………23,34

ふ

ファンド選択型変額保険 ……………82
賦課方式 …………………………………4
負債の時価会計 …………………………9
不良債権問題 ……………………………5
ブローカー ……………………………82

索引

へ
- 平均満期……………………………… 6
- 米ダウ工業株30種平均 ……………122
- ヘッジファンド ……………………122
- 変額年金保険………………………… 90
- 変額ユニバーサル……………………82
- 変動金利型ローン・オプション付き …121

ほ
- 簿価による責任準備金………………42
- 保険金不払い問題 …………………106
- 保険契約者の保護……………………63
- 保険商品の窓販全面解禁……………55
- 保有契約高伸び率……………………14

ゆ
- 郵政民営化 …………………………101

ユ
- ユニットリンク保険…………………82
- ユニバーサル保険……………………82

よ
- 予定事業費率…………………………34
- 予定死亡率……………………………34
- 予定利率…………………………5, 34
- 予定利率引き下げ ………………41, 63

り
- 利差益 ……………………………23, 34
- 利差損…………………………………23

れ
- 連邦準備理事会（ＦＲＢ）…………124

わ
- ワンストップショッピング…………56

著者紹介

小藤　康夫（こふじ・やすお）

略　歴
1953年10月　　東京に生まれる。
1981年3月　　一橋大学大学院商学研究科博士課程修了
現　　在　　専修大学商学部教授
　　　　　　商学博士（一橋大学）

主な著書
『マクロ経済と財政金融政策』　白桃書房　1989年
『生命保険の発展と金融』　白桃書房　1991年
『生保金融と配当政策』　白桃書房　1997年
『生保の財務力と危機対応制度』　白桃書房　1999年
『生命保険が危ない』　世界書院　2000年
『日本の銀行行動』　八千代出版　2001年
『生保危機の本質』　東洋経済新報社　2001年
『生保危機を超えて』　白桃書房　2003年
『金融行政の大転換』　八千代出版　2005年
『金融コングロマリット化と地域金融機関』　八千代出版　2006年
『中小企業金融の新展開』　税務経理協会　2009年
『大学経営の本質と財務分析』　八千代出版　2009年
『世界経済危機下の資産運用行動』　税務経理協会　2011年
『米国に学ぶ私立大学の経営システムと資産運用』　八千代出版　2013年
『生保金融の長期分析』　八千代出版　2014年
『日本の保険市場』　八千代出版　2016年

著者との契約により検印省略

平成21年11月1日　初版発行
平成24年3月1日　初版第2刷発行
平成27年3月1日　初版第3刷発行
平成29年4月1日　初版第4刷発行

決算から見た生保業界の変貌

著　者　小　藤　康　夫
発行者　大　坪　嘉　春
印刷所　税経印刷株式会社
製本所　株式会社　三森製本所

発行所　東京都新宿区下落合2丁目5番13号　株式会社　税務経理協会
郵便番号　161-0033　振替 00190-2-187408　電話(03)3953-3301(編集部)
FAX(03)3565-3391　　　　(03)3953-3325(営業部)
URL http://www.zeikei.co.jp/
乱丁・落丁の場合はお取替えいたします。

© 小藤康夫 2009　　　　　　　　　　　Printed in Japan

本書の無断複写は著作権法上での例外を除き禁じられています。複写される場合は、そのつど事前に、(社)出版者著作権管理機構(電話 03-3513-6969, FAX 03-3513-6979, e-mail : info@jcopy.or.jp)の許諾を得てください。

JCOPY ＜(社)出版者著作権管理機構 委託出版物＞

ISBN978-4-419-05380-2　C3033